IRIS KIYA

Reconstruction of the Father
and Other Writings

Translated by
Reina Jara Barrientos

Introduction by Cayo Cæctus
Foreword by Michael Ebmeyer

RECONSTRUCTION OF THE FATHER
AND OTHER WRITINGS

Copyright © 2020, Iris Kiya
Originally published in Bolivia as *Reconstrucción del Padre* (2020), *Masacre en la Calle Harrington* (2017) and *Márgenes Infrarrojos* (2019).

English Translation © 2020, Reina Jara Barrientos
Introduction © 2020, Cayo Cæctus
Foreword © 2020, Michael Ebmeyer
Illustrations on pages 18, 80, 81 © 2020, Natalie Aramundiz

© 2020 Dulzorada Press
Editor-in-chief: José Garay Boszeta
Email: jose@dulzorada.com
Cover design and layout: Miguel Garay Boszeta
Email: miguel@dulzorada.com
Dulzorada logo design: Bidkar Yapo @nacion.chicha

All rights reserved. No part of this publication may be reproduced, distributed, or transmitted in any form or by any means, including photocopying, recording, or other electronic or mechanical methods, without the prior written permission of the publisher, except in the case of brief quotations embodied in critical reviews and certain other noncommercial uses permitted by copyright law.

ISBN-13: 978-1-953377-01-2 (paperback)
Published by Dulzorada Press
http://Dulzorada.com

Printed in the USA

CONTENTS

Introduction
by Cayo Cæctus 8

RECONSTRUCTION OF THE FATHER 19
Foreword
by Michael Ebmeyer 22

MASSACRE ON HARRINGTON STREET 83

INFRARED MARGINS 129

Index of Poems 173

Introducción
by Cayo Cæctus

"El que escribe no soy yo" — Steiner

Estimado lector, permítame advertirle, mis palabras no traicionarán al autor, incluso si quisiera confesarlo: el autor está ahí afuera, esperando en la trinchera, escribiendo desde la trinchera, escondido a plena vista como un francotirador que observa pacientemente desde lejos para matar y sobrevivir otro día. Un francotirador, eso sí, actuando como un compilador: obsesionado con una gloria que nunca le pertenecerá del todo, coleccionando palabras de los márgenes infrarrojos, creyendo de verdad que cada poema transcrito será como una bala que le permitirá convertirse en un héroe de guerra.

Introduction
by Cayo Cæctus

"The one who is writing is not me" — Steiner

Dear reader, let me warn you, my words will not betray the author, even if I care to confess: the author is out there, waiting in the trench, writing from the trench, hiding in plain sight like a sniper who observes patiently from afar to kill and survive another day. A sniper, yes, acting just like a compiler: obsessed with a glory that will never belong entirely to him, collecting words from the infrared margins, truly believing that every poem transcribed will be like a bullet that will let him become a war hero.

El autor, un soldado desconocido. Es Milton Steiner, era Sebastian Melmoth, probablemente será Vladimir Cafard y recordará todos los nombres que se le dieron a esa mujer recurrente. Se llamará Javiera, o Evelyn o tal vez incluso Pinky, definitivamente se presentará como Gerda Taro y usted estará en este viaje siguiendo la estela de humo negro que brota de sus fosas nasales sin saber quién le robó a quién, quién mató a quién, quién le escribió a quién: una niebla que se disipa solo para revelar otra niebla más extraña, más grande.

Mientras intento darle una pista sobre cómo resolver este rompecabezas, un rompecabezas que puede revolver o descifrar después de leer estas palabras, por favor recuerde que no estoy traicionando a Melmoth ni a Steiner, seguro que ni siquiera me estoy refiriendo a Vladimir. Ellos no llevan acero en sus huesos. Su país no estuvo en medio de los Andes, del Océano Pacífico o del Atacama, el desierto más árido del mundo. Ellos no vivieron en Arica traficando libros a través de las fronteras, no viajaron por tierra con una enorme bolsa de Lima a Quito para darle una última oportunidad a un amor moribundo. Ellos nunca quisieron volver a las alturas de La Paz. Ellos no esperan cartas del viejo continente que prometan un encuentro en el último éxodo. Ellos no escribieron estos textos sufriendo de ansiedad mientras se producía un golpe de Estado afuera, en las calles de Bolivia. No, no estoy traicionando a los autores, aquellos que describieron vívidamente la primera vez que vieron el color mostaza y en quienes los recuerdos aleatorios se disparan por el olor de pequeñas motas de pimienta. No hay traición

The author, an unknown soldier. He is Milton Steiner, he was Sebastian Melmoth, he will probably be Vladimir Cafard and will remember all the names given to that recurrent woman. She will be called Javiera, or Evelyn or maybe even Pinky, she will definitely introduce herself as Gerda Taro and you will be in this journey following the trail of black smoke pouring from their nostrils without knowing who stole from who, who killed who, who wrote to whom: a fog that dissipates only to reveal another stranger, bigger fog.

While I try to give you a hint on how to solve this puzzle, a puzzle you can scramble or unscramble after reading these words, please remember I am not betraying Melmoth nor Steiner, surely I am not even referring to Vladimir. They don't carry steel in their bones. Their country was not amidst the Andes, the Pacific Ocean, or the Atacama, the most arid desert in the world. They did not live in Arica trafficking books across the borders, they did not travel by land with an enormous bag from Lima to Quito to give one last chance to a dying love. They never wanted to return to the heights of La Paz. They are not awaiting letters from the old continent that promise an encounter in the last exodus. They did not write these texts suffering from anxiety while a coup d'etat was happening outside, on the streets of Bolivia. No, I am not betraying the authors, the ones that described vividly the first time they saw the mustard color and in whom random memories are triggered by the smell of small specks of pepper. There is no betrayal

en estas líneas, ya nos confesaron que ellos se convertirían en su propio padre al añorar su viejo sillón bermellón. Esto también forma parte de la ética de un soldado, morir en combate o de vejez, nunca como un soplón.

Insistiré en mi advertencia, estas no son solo capas, no son solo imágenes violentas de una guerra desconocida que todos estamos luchando con nosotros mismos, con nuestras diferentes pieles o mitologías. Son trincheras que funcionan como disfraces tanto del mutismo como del humor, como el autor ya ha escrito en alguna parte: *A veces siento que la carne se me estremece y no puedo pensar en las miles de balas, que se requiebran dentro, que se inundan, se revuelven cuando estoy en la trinchera. (...) La trinchera es como el féretro que te encadena a la tierra y mientras sudo, me miro y me cubro, pienso estúpidamente en los besos, porque no quiero morirme pensando como un hombre, sino más bien como un niño, torpe e ingenuo.* Yo también preferiría morir, torpe e ingenuo, que rendirme a ti, querido lector, y contarte acerca de su paradero actual o incluso indicar la cantidad de velos a perforar antes de encontrar quién es la verdadera persona discursiva, si es que hay alguna.

Una introducción que apenas es un anuncio de un combate de boxeo o lucha libre. Un número en una pancarta, los brazos completamente levantados antes de cada round —cada uno de los rounds como los múltiples escritos que componen este libro. Poemas que

in these lines, they already confessed to us that they would become their own father by longing for his old vermilion armchair. This is also part of the ethics of a soldier, to die in combat or from being old, never as a snitch.

I will insist on my warning, these are not only layers, not only violent images of an unknown war we are all fighting with ourselves, with our own different skins or mythologies. They are trenches that function as disguises of both muteness and humor, as the author already has written somewhere: *Sometimes I feel the flesh shudder and I cannot think about the thousands of bullets, shattering inside, flooding, stirring up when I'm in the trench. (...) The trench is like the coffin that chains you to the ground and while I sweat, I look at myself and cover my body, I think stupidly about kisses, because I don't want to die thinking like a man, but rather like a child, clumsy and naive.* I would rather die too, clumsy and naive, than surrender to you, dear reader, and tell you about their current whereabouts or even indicate the number of veils to be pierced before finding who is the real discursive persona, if any.

An introduction that is barely an announcement of a boxing or a wrestling match. A number on a banner, arms fully raised before each round —every round as the multiple writings that compose this book. Poems that

saltan desde la segunda cuerda para noquearte con los recuerdos de un perfume y marearte. Poemas como caleidoscopios. Poemas como fotografías de guerra, para ser leídos mientras Chet Baker toca la trompeta de fondo. Poemas como cuentos o ensayos y viceversa. Poemas como puñetazos que te dejarán grogui, disfrutando del placer de no poder distinguir entre arriba y abajo. Poemas que hablan desde un tiempo y un espacio no especificados y te obligan, te invitan a desentrañar un misterio, como una película noir de detectives que aún está en curso y probablemente no tendrá un final verdadero porque un final también es una forma de ficción. El vértigo de las preguntas sin respuesta es lo que impulsa al autor, empiezo a pensar. Surgen algunos otros problemas. ¿Steiner realmente conoció a Melmoth? ¿Quién escribió *"Mi tarea como compilador es quizá el más sincero de todos los que existen a nivel literario, no pienso dar razones al respecto"*? ¿Es esto demasiado revelador? ¿Es el autor siquiera real?

Existe una máquina engañosa llamada literatura y todos estamos invitados a participar en sus rincones y recovecos. La paradoja se hace evidente cuando descubrimos que amamos estas buenas mentiras y que podemos liberarnos unos a otros de nuestra existencia limitada creando otras. La mayoría de nosotros nos mostramos entre estas mentiras, vidas múltiples donde nuestros verdaderos colores pueden decir mucho, incluso si solo ocurre en papel, especialmente cuando solo ocurre en papel y podemos reconocer colores que

jump from the second rope to knock you out with the memories of a perfume and make you dizzy. Poems like kaleidoscopes. Poems as photographs of war, to be read while Chet Baker plays the trumpet in the background. Poems as tales or essays and vice versa. Poems like punches that will leave you groggy, enjoying the pleasure of not being able to tell above from below. Poems that speak from an unspecified time and space and force you, invite you to unravel a mystery, like a noir detective movie that is still ongoing and probably will not have a true ending because an end is also some form of fiction. The vertigo of unanswered questions is what drives the author forward, I am beginning to think. Some other problems arise. Did Steiner really meet Melmoth? Which one wrote *"My task as a compiler is perhaps the most sincere of all those that exist at the literary level, I do not intend to give reasons in this regard"* ? Is this too revealing? Is the author even real?

There is a deceiving machine called literature and all of us are invited to take part in its nooks and crannies. The paradox becomes apparent when we discover that we love these good lies and that we can free each other from our limited existence by creating another. Most of us show our-selves among these lies, multiple lives where our true colors can speak volumes, even if it only occurs on paper, especially when it only occurs on paper and we can recognize colors

que nunca quisimos notar y oler aromas que nunca antes nos atrevimos a describir. Estamos invitados a una forma de sensualidad no limitada por nuestra propia experiencia, ni siquiera por nuestro propio lenguaje personal, un milagro de fantasmas, el placer de un ojo desnudo ante la imagen. Creo que nunca podré compartir un cigarro con Sebastian Melmoth. Creo que todavía estoy a tiempo de reconocer a Milton Steiner en un bar y ofrecerle una copa de vino y tal vez una visita al hipódromo. Mientras finalizo este texto, intento recordar la voz suave del autor, diciendo: *Mis viajes no son imaginarios, los llevo en la punta de la lengua.* Pero esto tampoco es cierto. Nunca sabré realmente quien de ellos escribió esto.

we never really wanted to notice and smell scents we never dared to describe before. We are invited to a form of sensuality not limited by our own experience, not even by our own personal language, a miracle of ghosts, the pleasure of a naked eye before the image. I believe I will never be able to share a cigar with Sebastian Melmoth. I think I am still in time to recognize Milton Steiner in a bar and offer him a glass of wine and maybe a visit to the racetrack. As I end this text, I am trying to remember the gentle voice of the author, saying: *My trips are not imaginary, I carry them on the tip of my tongue.* But this is not true either. I will never really know which one of them actually wrote this.

RECONSTRUCTION OF THE FATHER

1988-1990

(Writings)

Milton Steiner
(compiler)

P, seguiré aquí fins trobar-te.*
Mi versión del mar se rompe en pedazos por la fiebre.
El mar, una sola sílaba.
El mar.
Seguiré aquí fins trobar-te.

---

* Fins trobar-te: hasta encontrarte (traducido del Catalán por el editor)

P, I will be here until I find you.
My version of the sea is broken into pieces by fever.
The sea a single syllable.
The sea.
I will be here until I find you.

Prólogo

La ausencia del origen

De muy joven, Iris Kiya entro al escenario de la literatura Boliviana y logró destacar inmediatamente. Así que hoy en día, a la edad de 30 años, la poeta ya puede pasar revista de una trayectoria impresionante, con cinco libros publicados y galardonados con premios y distinciones. *Reconstrucción del padre* marca otro gran paso adelante en la exploración literaria y filosófica de Iris Kiya: Nos presenta una obra híbrida, combinando la poesía y la prosa, un texto de una complejidad admirable e inspiradora.

"Mi padre no dejaba de alardear de su persona, se jactaba una y otra vez de sus logros, y cuanto más grande pretendía hacer su figura, más diminutos nos hacía sentir al resto."

Foreword

The absence of origin

At a very young age, Iris Kiya entered the stage of Bolivian literature and stood out immediately. So today, at the age of 30, the poet already has an impressive career to look back upon, with five books published and awarded with prizes and distinctions. *Reconstruction of the Father* marks another great step forward in Iris Kiya's literary and philosophical exploration: She presents us with a hybrid work, combining poetry and prose, a text of admirable and inspiring complexity.

"My father couldn't stop bragging about himself, he bragged over and over about his achievements, and the bigger he tried to make his figure, the smaller he made the rest of us feel."

Así va una de las frases con las que el narrador de *Reconstrucción del padre* introduce al padre que se propone reconstruir. Se trata de un padre no solo pretencioso sino a la vez elusivo. Y se trata de un narrador masculino.

"Me gusta escribir como hombre", me comentó Iris Kiya: *"Nunca he escrito de otra manera."* Por lo tanto, en su nueva obra se embarca en un territorio clásico de la mirada masculina en la literatura —la búsqueda del padre—, y lo hace de un modo peculiar y sutil: subversivo, eso sí, lanzándose libremente al laberinto de espejos, pero sin caer en la tentación de la iconoclasia fácil.

El padre, según la lectura que Jacques Derrida hizo del concepto de logos de Platón, encarna el deseo por el origen presente: el mito / fantasma de una autoridad absoluta, afirmada e indudable. Un deseo condenado a postergarse indefinidamente, porque a pesar de su ambición totalitaria, el logos siempre se esfumará en un torbellino de diferencias.

En su *Reconstrucción del padre*, Iris Kiya abre paso a ese torbellino a través de un narrador llamado Milton Steiner, el cual es uno de varios alias masculinos que ella emplea en sus escritos. El padre que ese narrador va reconstruyendo parece ser consciente de que la ilusión de su presencia viene al precio de la muerte:

Thus reads one of the phrases with which the narrator of *Reconstruction of the Father* introduces the father who he sets out to reconstruct. This is a father not only pretentious but also elusive. And the narrator is a male.

"I like to write as a man", Iris Kiya told me: *"I have never written otherwise."* Therefore, in her new work she embarks on a classical territory of the male gaze in literature —the search for the father—, and she does it in a peculiar and subtle way: subversive, for sure, throwing herself freely into the maze of mirrors, but without giving in to the temptation of a simple iconoclasm.

The father, according to Jacques Derrida's reading of Plato's concept of the logos, embodies the desire for the present origin: the myth / phantasm of absolute authority, affirmed and undoubtable. A desire condemned to be indefinitely postponed, because despite its totalitarian ambition, the logos is bound to vanish in a whirl of differences.

In her *Reconstruction of the Father*, Iris Kiya opens the way to that whirl through a narrator named Milton Steiner, which is one of several male aliases she employs in her writing. The father that this narrator is reconstructing seems to be aware that the illusion of his presence comes at the cost of death:

RECONSTRUCTION OF THE FATHER

"Mi padre me espera a la salida del colegio,
no por deseo,
sino porque sabe que lo van a matar."

Con la reescritura femenina que ella aplica al discurso literario tópicamente masculino de la aspiración a la autoridad paternal —potenciando el juego de los espejos adoptando una voz masculina— la poeta no solo llega a crear un híbrido literario particular. Ella también puede permitirse el lujo de conceder a su narrador una posibilidad de reconciliarse con la ausencia del origen:

"Haré un pacto contigo, padre
te he detestado ya bastante."

Michael Ebmeyer, Berlín, Septiembre del 2020.

*"My father is waiting for me after school,
not by his own desire,
but because he knows he will be killed."*

With the feminine rewrite that she applies to the topically masculine literary discourse of the longing for paternal authority —potentiating the game of mirrors by adopting a male voice— the poet not only manages to create a particular literary hybrid. She can also afford the luxury to concede her narrator a possibility to reconcile with the absence of origin:

*"I will make a pact with you, father
I've hated you enough already."*

Michael Ebmeyer, Berlín, September 2020.

Mi depresión, en un comienzo, fue provocada por una separación. Más tarde supe que aquella depresión se había iniciado a los siete. El año del brío mostaza, como le llamo yo, me derrumbé por dentro. Tengo una familia trivial. Mi madre apenas terminó el bachillerato, mi padre huyó literalmente del salón de clases y todo lo que aprendió fue por las horas que se postraba en su sillón rojo vino y miraba una tras otra película. Lo demás fue cosa del tiempo, las amistades y la cerveza. Mis hermanas, ya lo dije alguna vez, pero recalco que la mayor era la canuta del dinero y el poder. Y la otra solo sentenciaba frases coherentes cuando se dio cuenta que su enfermedad podía llamar la atención, hasta que cayó muerta en el hospital. La única alegría que yo buscaba cuando niño, era esconderme de la segunda hermana y esperar el día entero para que no me encontrara y me diera de puntapiés. Lo otro era evitar los guisos de todos los días de mi madre. Yo recuerdo el día exacto que dejé de comer, y entonces supongo que la tristeza se hizo latente, se volvió más amarilla, como la bilis.

My depression was initially caused by a separation. Later I learned that this depression had started at seven. The year of the mustard verve, as I call it, I collapsed inside. I have a trivial family. My mother barely finished high school, my father literally ran away from the classroom, and all he learned was from the hours he prostrated himself in his wine red armchair and watched one movie after another. The rest was a matter of time, friends and beer. My sisters, I already said it once, but I emphasize that the eldest was the fool for money and power. And the other one only stated coherent sentences when she realized her illness could attract attention, until she fell dead in the hospital. The only joy I looked for as a child was to hide from the second sister and wait the whole day for her not to find me and kick me. The other thing was avoiding my mother's everyday stews. I remember the exact day I stopped eating, and then I suppose the sadness became suppressed, it turned yellower, bile like.

La depresión profunda inhabilita al artista, en realidad inhabilita a cualquier ser humano. Entiendo igual que las depresiones tienen varios momentos en sus procesos de curación. Yo solo recuerdo con claridad los meses que empecé a sentirme mejor. La angustia estaba y estaría siempre, como un perrito faldero que me podía inmovilizar de un mordisco.

No está demás decir que, en mi tránsito por explorar las distintas artes, llegué a la lectura y escritura. Es obvio también que mis padres y mi familia en general creían que ambos eran oficios perdidos, o de perdedores. Quizá porque ellos mismos se ven así y aspiran a que alguien más tenga un estatus, no sé si estatus es la palabra correcta, rango o servicio. Dado que el oficio de escritor me pasó como un volador en época de ventiscas. Confié ciegamente en mi verborrea; y pude tener a cuanta mujer se cruzara en mi camino, pero el resultado nunca fue bueno, porque siempre terminaban dejándome solo. Y así sucedió con mi familia también; pero quizá es lo único que me permitió ser feliz, feliz en el sentido de poder huir de aquello que siempre te ha sometido. Aunque luego uno se siente culpable, porque la sangre es más fuerte que todo lo demás y esta te mate de a poquito.

De vez en cuando la angustia me inmovilizaba y terminaba postrado en la cama, pero aun así lo único que tenía para sentirme mejor, era la verborrea ésta a la que me he referido. Me hablaba a mí mismo con tal de

Deep depression disables the artist, it actually disables any human being. I understand that depressions have several moments in their healing processes. I only remember clearly the months that I started to feel better. The anguish was and would always be there, like a lapdog that could immobilize me with a bite.

Needless to say, in my journey to explore the different arts, I came into reading and writing. It is also obvious that my parents and my family in general believed that both were lost trades, jobs for losers. Maybe because they look at themselves like this and they aspire to someone else having a status, I don't know if status is the right word, rank or duty. Given that the profession of writer passed me by as a flyer in blizzard times. I blindly trusted my verbiage; and I was able to have any woman who crossed my path, but the result was never good, because they always ended up leaving me alone. And so it was with my family too; but perhaps it is the only thing that allowed me to be happy, happy in the sense of being able to flee from what has always subjected me. Despite feeling guilty, because blood is stronger than everything else and it kills you little by little.

Occasionally the anguish immobilized me and I ended up bedridden, but even so the only thing I had to feel better was the verbiage that I have referred to. I used to talk to myself in order to feel good, and so I started with

poder sentirme bien y así inicié con ciertos trabajos, que me permitieron hacer de vendedor de libros hasta soldador de camiones. Luego empecé el viaje por la ruta austral. El viaje me hizo trocador de historias. La depresión hizo pobre mi lenguaje. Yo quería solemnemente ser poeta, escribía mucho, pero me faltaba leer más y no importara cuánto leyera, simplemente no se me daba. Siempre terminaba por dar un testimonio de lo que me era imposible hacer, como ahora. La verdad, no creo poder escribir poema alguno, y si lo hago, de seguro que no será de mi autoría. ¿Acaso este miedo es el que me ha transmitido mi madre, mientras hacía dulces para vender, hasta las tres de la mañana, ganar dinero y evitar ir a las clases de matemáticas? Yo nací muy tarde, quizá en el momento en que los padres no piensan en un hijo, sino más bien en los nietos. Entonces, esto me ha hecho pensar, que mi miedo es el tiempo, miedo de no poder tener suficiente para poder escribir lo correcto, sino también, miedo de morir trabado por mis propios textos.

Para terminar con este escrito, es importante hablar de mi padre, como dije, el aprendió más de las películas que lo que un profesor podría enseñarle en una clase. Era un hombre simple, admirablemente simple. Se contentaba con explicaciones sencillas, pero grandilocuentes. Llegué a pensar que eso lo hacía más poeta que yo y que quizá su vida era incluso más poética que la mía, por ser altamente trágica en su cometido. Para él, el miedo, que ciertamente lo sentía a

certain jobs, which allowed me to become a book seller and even a truck welder. Then I started the journey on the southern route. The trip turned me into a storyteller. Depression made my language poor. I solemnly wanted to be a poet, I wrote a lot, but I needed to read more and no matter how much I read, it just wasn't happening. I always ended up giving a testimony of what was impossible for me, like now. To be honest, I do not think I can write any poem, and if I do, surely it will not be truly mine. Is this the fear that my mother has transmitted to me?, while making candy to sell until three in the morning, earning money while avoiding going to math classes? I was born very late, perhaps at a time when parents do not think of a child, but rather of grandchildren. So, this has made me think that my fear is time, fear of not having enough to write the right thing, but also, fear of dying trammeled by my own texts.

To end this writing, it is important to talk about my father, as I said, he learned more from movies than a teacher could teach him in class. He was a simple man, admirably simple. He was content with simple, but grand explanations. I came to think that this made him more of a poet than I was and that perhaps his life was even more poetic than mine, as it was highly tragic in its role. For him, fear, which he certainly felt in the line of

pie de cañón, estando sobrio o ebrio. Pero nunca pude distinguir cuál de los momentos era más latente. Desde niño nunca dejé de pensar que mi padre era también un infante, no por aquella explicación que dice que los hombres son niños grandes, sino más bien, porque quizá su infancia fue crudamente simple. Nunca lo vi como a un padre, siempre fue un hombre aquejado de una tristeza que quiso mellar con el amor. No pudo. Con esto quiero decir, para qué creer en el amor —en el caso de mi padre— cuando tienes la fuerza de aquellos típicos personajes de las películas americanas. Para qué creer en el amor, si asar la carne era la única cosa que lo hacía realmente feliz, pero ni siquiera la comía. Fue acaso mi padre, ¿el principio de todos mis males? Clínicamente podría culparlo, pero prefiero pasar la culpa a mi hermana muerta. Esta me da más posibilidades de herirla y luego llorar por ella.

fire, being sober or drunk. But I could never make out which one of the moments was more latent. Since I was a child I never stopped thinking that my father was also an infant, not because of the expression that says that men are big children, but rather, because perhaps his childhood was crudely simple. I never saw him as a father, he was always a man afflicted with a sadness that he wanted to dent with love. He couldn't. By this I mean, why believe in love —in my father's case— when you have the strength of those typical characters from American movies. Why believe in love, if roasting meat was the only thing that made him really happy, but he didn't even eat it. Was it perhaps my father the beginning of all my ailments? Clinically I could blame him, but I'd rather pass the blame on to my dead sister. She gives me more chances to hurt her and then cry for her.

Hojas de contacto

Me acurruqué mientras el disparo volaba y lloré.
Ella llevaba el cabello olor a moras frescas
intuyo—
o quizá era un árbol
o quizá era un ciervo.
Me gusta mirar,
pero nunca el horizonte
siempre miro boca abajo,
porque así no sabré
cuándo saldrá la bala
e imagino—
o quizá era un tiovivo
o un columpio.
Las mañanas ya no tienen color
debo pensar en decirle a mi hermano,
debo tomar una decisión gris.
Las decisiones se toman dependiendo del color del día
y con el olor de las moras.
Acá, las pocas calles se confunden con los caminitos
      que hacen las hormigas cuando se les ha
      desbaratado todo por la lluvia de invierno.
No hay razón
para no oler los frutos, el pasto, la tierra.
Deberé olerlas en la estación
en que no hayan madurado,
para aminorar el consumo de tabaco
y saciar mi ansiedad.

Contact sheets

I snuggled in as the shot flew and I cried.
She wore her hair smell of fresh blackberries
I sense—
or maybe it was a tree
or maybe it was a deer.
I like to see,
but never the horizon
I always look upside down,
because then I won't know
when the bullet will come out
and I imagine—
or maybe it was a merry-go-round
or a swing.
Mornings no longer have color
I should think about saying to my brother,
I must make a gray decision.
Decisions are made depending on the color of the day
and with the smell of blackberries.
Here, the few streets are confused with the little paths
      that ants make when everything has been
      disrupted by the winter rain.
There is no reason
not to smell the fruits, the grass, the ground.
I must smell them in the season
in which they have not matured,
to reduce tobacco consumption
and satiate my anxiety.

RECONSTRUCTION OF THE FATHER

Caminé.
Caminé.
Caminé.
Caminé.
Luego, no hubo más remedio
      que acurrucarme contra el árbol
y la mujer me olió como un cervatillo,
no pudo correr,
      reír.
El lugar se tornó oloroso,
y ella cayó fulminada por el disparo.
El olor de las moras a punto de florecer
melló el de la pólvora, fue precioso.

I walked.
I walked.
I walked.
I walked.
Then, there was no choice
        but to curl up against the tree
and the woman smelled me like a fawn,
she couldn't run,
        laugh.
The place became fragrant,
and she was struck down by the shot.
The smell of blackberries about to bloom
crushed that of gunpowder, it was beautiful.

Betamax
Recuerdo de 1989

Subí la pasarela a toda prisa. No era el único que había llegado tarde. Llegué a tropezones, traspasé la puerta de mi casa, como si atravesara una valla en el campo. ¿Y qué había tras la valla?, un grupo muy pequeño de jabalíes morados. Mi padre era el más morado de todos. Salimos de la casa, subimos al carro y este partió con dirección al desierto. Siempre me pareció extraño encontrar cosas que hacer en aquel lugar. Lo único que me atraía era el carrousel lleno de adornos, cada vez que íbamos, imaginaba que los gitanos pulularían entre los caballitos, ya sea para robarle algo y agregar ese objeto a alguno de sus cuencos de bronce. Mi padre era temeroso de cualquier sujeto que mirara su cámara. En conclusión, no tenía sentido tener una, si es que esta no hacía su trabajo. Pero él solo la tenía para mirarla y que nadie la tocara. Sin embargo, pasó lo que jamás pensé que sucedería; se inclinó hacía mí y entonces sugirió con un ademán hacer una toma. Fue en ese momento que dejé la valla. Observé a mi familia, a través del lente de la cámara. Imaginé ser el ojo que mostraba todos los tipos de pedernal en algún documental educativo.

Javiera en el carrousel,
y los ojos/espejos de los caballitos
les daban patadas a los dioses.
Javiera en el carrousel,

Betamax
Souvenir of 1989

I hurried up the catwalk. I was not the only one late. I stumbled, passed through the door of my house, as if I were going through a fence in the field. And what was behind the fence? A very small group of purple boars. My father was the most purple of all. We left the house, we got into the car and it left towards the desert. I always found it strange to find things to do in that place. The only thing that attracted me was the carrousel full of decorations, every time we went, I imagined the gypsies would swarm between the little horses, perchance to steal something and add it to one of their bronze bowls. My father was fearful of any subject who looked at his camera. In conclusion, there was no point in having one, if it didn't do its job. But he only had it to look at it and not let anybody touch it. Nevertheless, what I never thought would happen happened; he leaned towards me and then gestured me to take a shot. It was at that moment that I left the fence. I watched my family through the camera lens. I imagined being the eye that showed all types of flint in some educational documentary.

Javiera in the carrousel,
and the eyes/mirrors of the little horses
they were kicking the gods.
Javiera in the carrousel,

RECONSTRUCTION OF THE FATHER

y daba vuelta
>   ~~tras vuelta~~
>   y su familia
>   ~~tras vuelta~~
>   terminaba como jabalíes atrapados en la luna.
Javiera en el carrousel,
miraba los caballitos esqueléticos
por el sol del desierto,
habían sido desterrados.
Se convirtieron en una raza extinta de madera.
Y el hombre de la cámara era un aqueo más,
en una época donde
se debe pulir el oro de los equinos.
Javiera en el carrousel,
bamboleaba con la risa anodina de su padre,
sus dedos largos despertaban miedo
en su hermano.
Javiera giraba cinco veces,
veinte veces,
treinta,
cincuenta veces,
y sus dedos agitados
se tornaron morados.
La madre también palpitaba en ese color.
Lo hacía porque jamás tendría la intención de cambiar.
Y el hombre de la cámara se sacaba el lente
y sus lágrimas eran tan falsas
>   como las sonrisas que destilaba el padre.
Decidió entonces dejar la cámara
y cruzar la valla.

and taking turn
> ~~after turn~~
>> and her family
>> ~~after turn~~
>>> ended like wild boars caught on the moon.

Javiera in the carrousel,
looked at the skeletal horses
by the desert sun,
they had been banished.
They became an extinct breed of wood.
And the man with the camera was one more Achaean,
in an age where
equine gold should be polished.
Javiera in the carrousel,
wobbled with her father's anodyne laugh,
her long fingers aroused fear
on her brother.
Javiera turned five times,
twenty times,
thirty,
fifty times,
and her fingers flailing
they turned purple.
The mother also throbbed in that color.
She did it because she would never intend to change.
And the man with the camera took off his lens
and his tears were as false
> as the smiles that the father exuded.

She then decided to leave the camera
and cross the fence.

RECONSTRUCTION OF THE FATHER

Nunca salí del horroroso Chile
E. Lihn

Mis viajes no son imaginarios,
los llevo en la punta de la lengua.

I never left hideous Chile
E. Lihn

My trips are not imaginary,
I carry them on the tip of my tongue.

Cuando niño, me daba miedo sentarme en la mesa del comedor. Mi padre no dejaba de alardear de su persona, se jactaba una y otra vez de sus logros, y cuanto más grande pretendía hacer su figura, más diminutos nos hacía sentir al resto. Este tipo de preámbulos me hacen recuerdo a un tiempo pasado, un tiempo en el que alguna vez encontré el amor. Un amor que se contoneó como una espiga, fue acaso un minúsculo diente de ajo. Las cabecitas de ajo son todo lo que el mundo conoce, pero las hojas, esos 50 centímetros enraizados a la tierra, es lo que permite su crecimiento. Los amores y las personas en general son cabecitas de ajo, y aunque todos tengan aquella corta raíz, no tienen permitido permanecer fuera de la tierra bruta. Estoy siendo transgresor ahora mismo de mi propio texto y de mi propia historia. ¿Por qué escribir sobre mi padre, ajos y amores? Creo firmemente que mi padre, que tenía esa extraña afición por asar la carne y no probarla siquiera, usaba claro está, este condimento. La carne chamuscada con kilos y kilos de ajo deja de ser un plato en la medida que su olor, su tacto, su sabor; pasan a ser un aperitivo para un cubano con hambre en los 90. Un basurero en la esquina de la cocina donde la luz apenas entra por los rincones de una casa que ha sido abandonada por el tiempo y la desgracia.

Quiero contar los pormenores de los pormenores de esta historia, mi padre, el ajo, los amores.

As a child, I was afraid to sit at the dining room table. My father couldn't stop bragging about himself, he bragged over and over about his achievements, and the bigger he tried to make his figure, the smaller he made the rest of us feel. These kinds of preambles remind me of a past time, a time when I once found love. A love that wiggled like a spike, was it perhaps a tiny clove of garlic. The little heads of garlic are all that the world knows, but the leaves, those 20 inches rooted in the ground, are what allows their growth. Love affairs and people in general are little heads of garlic, and even though everyone has that short root, they are not allowed to stay out of the raw earth. I am currently transgressing my own text and my own story. Why write about my father, garlic and love affairs? I firmly believe that my father, who had this strange fondness for roasting meat and not even trying it, obviously used this condiment. Meat scorched with pounds and pounds of garlic ceases to be a dish to the extent that its smell, its touch, its taste become an aperitif for a hungry Cuban in the 90s. A garbage can in the corner of the kitchen where light barely enters through the corners of a house that has been abandoned by time and misfortune.

I want to tell the details of the details of this story, my father, the garlic, the love affairs.

RECONSTRUCTION OF THE FATHER

Mi padre fue una idea de mi abuela,
para tener una idea,
se debe entender un fracaso anterior y posterior.
Eso significa que mi padre
habiendo sido el fracaso de mi abuela,
yo vine a ser el fracaso del primero.
Me resultaba insano siquiera pensar
que yo tendría un fracaso también,
pero lo tuve.
Más este, no fue una consecuencia de la genética.
Fue más bien una cabecita de ajo enraizada.
Ella era un problema crítico a la hora de abordar
    ciertos temas.
Nada ni nadie la podía convencer
    cuando refutaba algo.
Yo jamás participaba en ese juego comunicativo,
porque la comunicación entre que se asa la carne
y se escuchan los soliloquios de una mujer que habla
    de sexo y muerte,
no son recomendables.
siempre me sentí traicionado.
Yo solo le decía
—no creo en el mundo del arte de las mujeres que
    trabajan solo por encanto—
entonces ella alzaba la nariz
y tomaba un puñado de ajos pelados
    y se los metía a la boca,
se alejaba llorando,
como si estuviera rindiéndole pleitesía
a todos los dioses del Olimpo,
por haber muerto.

My father was my grandmother's idea,
to have an idea,
a previous and subsequent failure must be understood.
That means my father
having been my grandmother's failure,
I came to be the failure of the first.
For me it seemed insane to even think
that I would have a failure too,
but I had it.
But this, it was not a consequence of genetics.
It was more like a rooted garlic head.
She was a critical problem in addressing
    certain topics.
Nothing and no one could convince her
    when she refuted something.
I never participated in that communicative game,
because communication as the meat roasts
and while hearing the soliloquies of a woman who talks
    about sex and death,
is not recommended.
I always felt betrayed.
I only told her
—I don't believe in the art world of women who
    work only for charm—
then she would raise her nose
and would take a handful of peeled garlic
    and put it in her mouth,
she would walk away crying,
as if she was paying homage
to all the gods of Olympus,
for having died.

RECONSTRUCTION OF THE FATHER

Y cuando escupía pedacitos de ajo
en el almuerzo.
Se sentaba en la cabecera de la mesa,
tal como mi padre hacía.
No se jactaba de sus logros,
solo urdía contra la carne en el plato.
A continuación se levantaba
y aquella mirada suya que carecía de brillo
por estar lejos de la luz,
cerca del basurero,
me miraba tristemente.
Yo solo pensaba en esta frase
—el arte es una manera de reconocerse,
por ello será siempre moderno.
Era el quinto plato que echaba a la basura,
tenía apilado un resto de carne
en el basurero.
Mi abuela.
Mi padre.
Ella.

Y yo.

And when she spat out bits of garlic
at lunch.
She sat at the head of the table,
just like my father did.
She did not brag about her accomplishments,
she just hatched against the meat on the plate.
Next she would get up
and that look of hers that lacked brightness
for being away from the light,
near the garbage can,
looked at me sadly.
I only thought about this phrase
—art is a way of recognizing yourself,
thus it will always be modern.
It was the fifth plate she had thrown to waste,
She had a pile of meat stacked
in the garbage can.
My grandmother.
My father.
Her.

And I.

> *Ninna nanna marinare*
> *'Ngopp a varca, miezo o mare*
> *Lo te parl e nun respunn*
> *Te si perze miez o suonn*
> *Te vurria magna' de vas*
> *Ma ho paura e te sceta'*
> *Cosi' guarde da luntane*
> *Co'stu core innammurat*
> *Quann aggia' spetta*
> *D'averti questa sera*
> *Co' sta luna chiena?*
> *Quann aggia' sogna'*
> *Di dirti quanto t'amo*
> *Co' stu' core 'man —ma tu—*
> *Sogni qui nel blu...*
>
> Ninna Nanna – Pink Martini*

Javiera ve llover bajo la niebla

El verano se precipitó un domingo a la salida de aquel lugar. Ahora mismo no puedo recordar como se llaman aquellos insectos que se posaron detrás de la esterilla verde, aquella que daba al patio, y el insecto solo me lanzaba pequeñas descargas de luces verdes y me quedé un buen rato contemplando su luminosidad extraña. Quién diría que un pequeño insecto podría sonar e iluminar al mismo tiempo,

---

* Nana marinera / en la barca, en medio del mar / yo te hablo y no respondes / estás perdido en medio del sueño. / Quisiera comerte a besos / pero me da miedo despertarte / así que te miro de lejos / con este corazón enamorado. / ¿Cuánto tengo que esperar / para tenerte esta noche / con esta luna llena? / ¿Cuánto tengo que soñar / para decirte cuánto te amo / con este corazón en la mano? / Pero tú, sueñas aquí en el mar. / Ninna Nanna – Pink Martini *(Traducción del compilador).*

> *Lullaby of the sea*
> *On the boat, in the middle of the sea*
> *I speak but you don't answer*
> *You're lost in your sleep*
> *I'd like to cover you with kisses*
> *But I don't want to wake you up*
> *So I just look at you*
> *With this heart in love*
> *How long do I have to wait*
> *For having you tonight*
> *With this full moon light?*
> *For how long do I have to dream*
> *To tell you how much I love you*
> *With this heart in my hands —but you—*
> *you dream here in the blue...*
>
> Ninna Nanna – Pink Martini

Javiera sees raining under the mist

Summer rushed on a Sunday while leaving that place. Right now I can't remember the name of the insects that landed behind the green mat, the one that looked out onto the patio, and the insect only gave me small bursts of green lights and I stayed a long time contemplating its strange luminosity. Who would say that a small insect could sound and illuminate at the same time,

no quiero recordar el nombre porque quizá se me termine cayendo la alta estima que le tengo. Y mientras todo esto sucedía, recordé el día que mi padre me llevó a conocer a Javiera. Yo no tenía la más mínima intención de ir, pero claro, de igual manera nos metimos en su cacharro blanco y nos fuimos; llegamos a la entrada de la comuna de Los Ríos, cada cuadra era un río profundo y seco, como toda la gente que vivía allí. Mi padre se aparcó en la entrada de la cuadra, bajamos del carro y con él un par de cervezas malas, pero frías. Ya tenía yo el cerebro aburrido y cortado por el sol del verano. Me hice de la cajetilla de cigarros mentolados y caminé como un pato, siempre, detrás de mi padre. La gente que vivía allí (quizá ahora mismo no importa recuperarla para esta historia o la descripción del lugar), la única importante era aquella niña de ojos saltones y cabello bermellón, llevaba un enterizo a cuadros azul con blanco y las uñas sucias por jugar con las baldosas del piso. A su lado, tenía una cajetilla de cigarros vacía, eso y un olor a durazno que se podía oler a cuadras y cuadras de su casa. Ese olor quizá fue el que mantuvo firme, y pude llegar hasta ese hábitat que no permitía respirar por el calor, y porque a leguas se notaba que el sillón rojo frente a la televisión tenía más penas y piojos que los muebles de los gitanos que vivían en las tomas a cinco minutos de ahí. Estoy seguro también que mi padre se había echado en ese sillón, tomando posesión de él, como si fuera el dueño de la casa.

I do not want to remember the name because perhaps the high esteem that I have for it will end up falling. And while all this happened, I remembered the day my father took me to meet Javiera. I did not have the slightest intention of going, but of course, all the same we got into his white clunker and left; we arrived at the entrance to the community of Los Rios, each block was a deep and dry river, like all the people who lived there. My father parked at the entrance to the block, we got out of the car and he had a couple of bad but cold beers. My brain was already bored and sore by the summer sun. I grabbed the pack of menthol cigarettes and walked like a duck, always, behind my father. The people who lived there (maybe right now it doesn't matter to retrieve them for this story or the description of the place), the only important one was that girl with bulging eyes and vermilion hair, she wore a blue and white checkered jumpsuit and had dirty nails from playing with the floor tiles. Next to her was an empty pack of cigarettes, that and a peach smell that could be sensed for blocks and blocks from her house. That smell might have been what kept me going steady, and I was able to get to that habitat that did not allow one to breathe due to the heat, and because it was evident from miles away that the red armchair in front of the television had more sorrows and lice than the furniture of the gypsies who lived in the squat houses five minutes from there. I am also sure that my father had lain in that armchair, taking possession of it, as if he were the owner of the house.

RECONSTRUCTION OF THE FATHER

Mi entender fatuo me dijo que mi padre solo iba allí a sentarse; todo hombre necesita un sillón raído y sucio para ser un hombre, para llorar las penas cuando todos están durmiendo, pero sobre todo para no hacer absolutamente nada y sobrevivir los días en que el verano te cae como una gota de miel en la taza.

De ahí en adelante, cada verano pensaba en el sillón rojo, en las pulgas, en el enterizo a cuadros azul con blanco. Pero sobre todo pensaba en mi padre y de como poco a poco su cuerpo se fue pudriendo, tal como una madera de mala calidad se hace astillas y se hincha con la humedad. Creo que Javiera le recordaba a un pasado que lentamente va subiendo como un caracol en la pared. Sus pasos tenues solo los hacía ahí en el sillón, y luego el trabajo, las cervezas y la carne. Hubo un tiempo en que no dormía, y yo pensaba que solo añoraba estar en ese sillón rojo.

Con el tiempo crecí y conmigo las cajetillas de cigarrillos pasaron de mentolados a tabaco rubio. Y salí de aquella casa y me fui por la ruta austral y a medida que bajaba por aquellas caletas y pueblos que me servían para recordar que no quería estar allí, entonces tomaba vuelo y aparecía en el pueblo siguiente. Hasta que pasó lo inevitable, encontré a Javiera en una caleta de paso. Se veía más ojerosa, pero siempre vestida de azul y con las manos sucias, no por las baldosas, sino también porque los años la habían hecho deseosa insana del cigarrillo y los libros de arte, cosa rara. Y no hablaba, apenas

My fatuous understanding told me that my father only went there to sit down; every man needs a frayed and dirty armchair to be a man, to cry the sorrows when everyone is sleeping, but above all to do absolutely nothing and survive the days when summer falls like a drop of honey inside the cup.

From there on, every summer I thought of the red armchair, the fleas, the blue and white checkered jumpsuit. But above all I thought about my father and how his body had rotted little by little, just like poor-quality wood that splinters and swells with moisture. I think Javiera reminded him of a past that climbs slowly like a snail on the wall. He only took his faint steps there on the armchair, and then the work, the beers, and the meat. There was a time when he didn't sleep, and I thought he just longed to be in that red armchair.

I grew up over time and with me the cigarette packs went from menthol to blond tobacco. And I left that house and went by the southern route and as I went down the coves and towns that helped me to remember that I did not want to be there, then I would take flight and appear in the next town. Until the inevitable happened, I found Javiera in a passing cove. She looked more haggard, but always dressed in blue and with dirty hands, not because of the tiles, but because the years had made her insanely eager for cigarettes and art books, weird thing. And she didn't speak, she barely

balbuceaba. Me invitó en una oración rebuscada a quedarme en su casa, yo asentí. Apenas pasé el antejardín, mi estómago se descompuso. Abrió la puerta y ahí estaba, un sillón rojo de dos piezas. Desde mi padre, traté toda mi vida de evitar ese tipo de espacios, y ahora estoy acá, mirando tras la esterilla verde, mirando a este insecto que hace chirriar mis ojos, porque no puedo entender todavía que el destino de mi padre me persiga. Soy un hombre, aunque sea por un día, un hombre que ha pensado y llorado sus penas de vida en un sillón rojo.

El verano se precipitó un domingo
    a la salida de aquel lugar.
Javiera se prendía los cigarros como quien escala una
    montaña que ya conoce.
Javiera era el deseo perfecto para no irse.
Javiera me hablaba sobre como en la teoría del color
    el mostaza y el azul se complementan.

Mi padre tenía una pena insana por ese sillón rojo.
La tenía porque así como yo,
que no soy un hombre,
ni mucho menos,
voy de caleta
    en caleta.
Javiera y las baldosas de su casa
    me tiran azares.
Y yo saco las monedas de diez,
las tiro al mar,

babbled. She invited me in a convoluted sentence to stay at her house, I nodded. As soon as I passed the front yard, my stomach fell apart. She opened the door and there it was, a red two-piece armchair. Since my father, I have tried all my life to avoid those kinds of spaces, and now here I am, looking behind the green mat, looking at this insect that makes my eyes squeak, because I still cannot understand that I am haunted by my father's destiny. I am a man, even for a day, a man who has thought about and mourned his life pains on a red armchair.

Summer rushed on a Sunday
    while leaving that place.
Javiera lit her cigarettes as if she was climbing a
    mountain she already knew.
Javiera was the perfect wish not to leave.
Javiera spoke to me about how in color theory
    mustard and blue complement each other.

My father had an insane sorrow for that red armchair.
He had it because just like me,
that I'm not a man,
far from it,
I go from cove
    to cove.
Javiera and the tiles in her house
    throw random chances at me.
And I take out the dimes,
I throw them into the sea,

RECONSTRUCTION OF THE FATHER

    para que al menos
la arena me cante
Ninna Nanna
No quiero dejarla
    sabiendo que,
Javiera verá llover sobre la niebla.
Y yo me iré pronto.
Niña de ojeras punzantes,
te vi en el antejardín
  con el cabello lleno de enjambres y trenzas.
Con el aliento partido por los cigarrillos rubios.
Con la tristeza de un viejo que
   ha ido a morir a un sillón rojo
y alzaste la mano y me dijiste:
Te quiero
   escríbeme pronto;
de mi vida aquí después que te fuiste,
nada hay que contar,
lo mismo que de toda mi vida:
continúa siendo igual de grotesca.
Solo quiero la libertad del amor
que se encuentra con el otro,
ese del que habla Sartre.
Llovía a cántaros,
supe entonces que el verano había terminado.
Me senté al lado de ella,
en el sillón rojo
y la vi fumar una aureola de luciérnagas.

    so that at least
the sand sings to me
Ninna Nanna
I don't want to leave her
    knowing that,
Javiera will see rain over the fog.
And I will be leaving soon.
Girl with sharp dark eye circles,
I saw you in the front yard
  with hair full of swarms and braids.
Breath broken by blond cigarettes.
With the sadness of an old man who
   has gone to die in a red armchair
and you raised your hand and said to me:
I love you
  write me soon;
of my life here after you left,
there is nothing to tell,
the same as my whole life:
continues to be just as grotesque.
I just want the freedom of love
that meets the other,
the one Sartre talks about.
It was pouring rain,
I knew then that summer was over.
I sat next to her,
in the red armchair
and I saw her smoking a halo of fireflies.

Allí pasaron horas, horas de alientos comunes, de latidos comunes, horas en las que K. tenía continuamente el sentimiento de extraviarse, o aun de que estaba más lejos en el mundo ajeno que nadie antes que él, en un mundo ajeno en el que ni siquiera el aire tenía elemento alguno del aire natal, en el que uno tenía que asfixiarse de pura extrañeza y en el que no podía hacerse, en medio de las insensatas seducciones, sino seguir yendo, seguir extraviándose.

El castillo — Franz Kafka

La destrucción del padre

El encuentro de un paraguas y una máquina de coser.
Un encuentro incongruente en una sala de clases
    y una habitación.
Mi padre me espera a la salida del colegio,
no por deseo,
sino porque sabe que lo van a matar.
Su soberbia me ha traído melancolía.
Mi padre jamás se refugiaría bajo un paraguas,
los hombres que están condenados a muerte,
desde que nacen,
no son afectos a los paraguas,
ni a las máquinas de coser.
Por eso nunca esperan a salir del colegio.
Por eso nunca esperan a salir de su propia habitación.

There, hours went past, hours in which they breathed as one, in which their hearts beat as one, hours in which K. was haunted by the feeling that he was losing himself or wandering into a strange country, farther than ever man had wandered before, a country so strange that not even the air had anything in common with his native air, where one might die of strangeness, and yet whose enchantment was such that one could only go on and lose oneself further.

The castle — Franz Kafka*

The destruction of the father

The meeting of an umbrella and a sewing machine.
An incongruous encounter in a classroom
      and a room.
My father is waiting for me after school,
not by his own desire,
but because he knows he will be killed.
His pride has brought me melancholy.
My father would never shelter under an umbrella,
men who are condemned to death,
since they are born,
are not fond of umbrellas,
nor of sewing machines.
Thus they never wait to leave school.
Thus they never wait to leave their own room.

---

* Kafka, Franz. The castle (Everyman's Library Contemporary Classics Series, 1992. Translated by Willa and Edwin Muir.)

RECONSTRUCTION OF THE FATHER

Nunca habrá infancia para un hombre
que le teme al salón de clases.
Las risas le afectan las pocas muelas limpias
    que le quedan,
por el titilar de la cerveza en la boca.
Nunca habrá infancia para un hombre
en el que una habitación se convierte
    en desidia de la madurez.
Destruyo a mi padre bajo la lluvia de primavera,
bajo el estertor de un paraguas azulado
de un paraguas que me tira como un lanzallamas
    en vez de cubrirme de la lluvia.
Destruyo a mi padre,
porque ahora la lluvia le cae
como si su madre le lanzara una oración
antes de nacer;
para luego coser su cuerpo de nuevo junto a ella.
Mi padre le teme a las máquinas de coser,
porque ya una vez estuvo hacinado
   en un vendaval de carne y huesos.
¿Para qué volver allí?
cuando el único hombre que conoce
sabe—
que su padre será asesinado
pero yo, el hijo
    me esconderé en una habitación
con una máquina de coser
y cerraré el paraguas solo cuando
    se derrame la última gota de lluvia.
Luego clavaré
la aguja en el cuello.

There will never be childhood for a man
who is afraid of the classroom.
Laughter affects the few clean molars
    he has left,
by the twinkling of beer in the mouth.
There will never be childhood for a man
in which a room becomes
apathy of maturity.
I destroy my father under the spring rain
under the rattle of a bluish umbrella
an umbrella that hits me like a flamethrower
    instead of covering me from the rain.
I destroy my father,
because now the rain falls on him
as if his mother were throwing a prayer at him
before being born;
and then sew his body back to her.
My father is afraid of sewing machines,
because he was once crowded
   in a gale of flesh and bones.
Why go back there?
when the only man she knows
knows—
that his father will be assassinated
but me, the son
    I will hide in a room
with a sewing machine
and I will close the umbrella only when
    the last drop of rain spills.
Then I will stick
the needle in the neck.

RECONSTRUCTION OF THE FATHER

> *Disimular es fingir no tener lo que se tiene.*
> *Simular es fingir tener lo que no se tiene. Lo uno*
> *remite a una presencia, lo otro a una ausencia.*
>
> *La simulación es infinitamente más poderosa ya que*
> *permite siempre suponer, más allá de su objeto, que el*
> *orden y la ley mismos podrían muy bien no ser otra cosa*
> *que simulación.*
>
> Cultura y simulacro — Jean Baudrillard

Haré un pacto contigo, padre
te he detestado ya bastante.
Haré un pacto contigo,
dios ya me ha permitido tener amigos.
Mis amigos y dios son divagaciones de un simulacro,
son mi paso por este pedazo de tierra.
Haré un pacto contigo, padre.
Dios ya te ha detestado bastante.
Haré un pacto contigo,
porque desde niño
    he simulado ser la escaramuza
entre dios y quién sabe qué.
Haré un pacto contigo,
porque el hilo de la costumbre no me permite
apiadarme del prójimo.
Porque no creo en dios.
Porque no creo en los hombres.

*To dissimulate is to pretend not to have what one has.
To simulate is to feign to have what one doesn't have.
One implies a presence, the other an absence.*

Simulation is infinitely more dangerous because it always leaves open to supposition that, above and beyond its object, law and order themselves might be nothing but simulation.

Simulacra and simulation — Jean Baudrillard*

I will make a pact with you, father
I've hated you enough already.
I will make a pact with you,
god has already allowed me to have friends.
My friends and god are ramblings of a simulacrum,
they are my passage through this piece of land.
I will make a pact with you, father.
God has hated you enough already.
I will make a pact with you,
because since childhood
    I've pretended to be the skirmish
between god and who knows what.
I will make a pact with you,
because the thread of habit does not allow me
to have pity on others.
Because I don't believe in god.
Because I don't believe in men.

---

* Baudrillard, Jean. Simulacra and simulation (The University of Michigan Press, 1994. Translated by Sheila Faria Glaser.)

RECONSTRUCTION OF THE FATHER

Porque no creo en un padre
    que me ha heredado su fracaso,
su gusto insano por la carne asada
su melancolía por una sola mujer.
Aquella que se digiere todos los días
como si se estuviera comiendo hongos
en un pantano lleno de escamas rojas y flores azules
Haré un pacto contigo,
porque mi sangre no es sino el vertedero
de un herencia que simula ser el canto
de una vida que alguna vez debió dejar de ser,
cuando mi madre tejía en una máquina de coser
aquella espina,
    duele
Y yo me quejo.
Y yo me lamento.
porque no soy un hombre.
Soy un simulacro que se encandila
    con los palitos de helado de la esquina.
No recuerdo en que momento
dejaron de gustarme,
porque los niños gustan de los helados
los hombres fracasados solo lambiscan
    el olor putrefacto de su niñez.
No es ni el sabor, ni la textura,
los helados son el simulacro de una niñez corrompida
por una cultura que se cansa
de pensar que dios es padre.
Dios es el simulacro tuyo, padre.
Por eso hago un pacto contigo.
Hago un pacto contigo, padre.

Because I don't believe in a father
    who has inherited his failure to me,
his insane taste for roasted meat
his melancholy for a single woman.
The one that is digested every day
as if one were eating mushrooms
in a swamp full of red scales and blue flowers
I will make a pact with you,
because my blood is nothing but the landfill
of an inheritance that pretends to be the song
of a life that should had once ceased to be,
when my mother knitted on a sewing machine
that thorn,
    hurts
And I complain.
And I grumble.
because I am not a man.
I am a simulation that dazzles
    with the ice cream sticks on the corner.
I don't remember at what time
I stopped liking them,
because children like ice cream
unsuccessful men only sniff out
    the putrid smell of their childhood.
It's neither the taste nor the texture,
ice creams are the simulacrum of a corrupted childhood
for a culture that gets tired
to think that god is a father.
God is your simulation, father.
So, I make a pact with you.
I make a pact with you, father.

RECONSTRUCTION OF THE FATHER

Y tiro al río los palitos de helado
    porque ahora son azufre.
Y la caleta me los devuelve
simulan entonces,
como yo
que he venido a rescatarlos
como el niño que perdí,
dios me ha permitido tener amigos.
Ellos han simulado ser parte del juego,
no tengo nada más que decir.
Toda mi vida adulta he simulado mi ausencia.

And I throw the ice cream sticks into the river
    because now they are sulfur.
And the cove returns them to me
they simulate then,
like me
that I have come to rescue them
like the child I lost,
god has allowed me to have friends.
They have pretended to be part of the game,
I have nothing else to say.
All my adult life I have simulated my absence.

RECONSTRUCTION OF THE FATHER

Para Pol, espero encontrarte en el último éxodo.

Este es mi último fracaso,
mi última espera.
Más que mi padre,
más que dios esperando que los santos
    acaricien su rostro.
Más que cuando la libélula se pose en la cama
    y me arranque los ojos de tanto mirarla.
Este es mi último fracaso,
porque presiento que mi mirada
choca con la tuya y desaparece como el olor
    del cigarrillo en el elevador.
    Javiera
tus cuadros azules con blanco
no los puedo asir en mi mente
porque tu corazón palpita como un búfalo
    a punto de ser cazado.
Y la caleta que tengo en frente,
me recuerda que debo irme lejos
donde nadie me encuentre
donde tu sombra azulada no me recuerde
    que alguna vez fuiste
un amor ladino.
Me costó encontrarte,
porque mis párpados siempre anidaron polvo.
Anidaron un odio heredado.
Y entonces, ¿qué es el amor?

For Pol, I hope to find you in the last exodus.

This is my last failure,
my last wait.
More than my father,
more than god waiting for the saints
to caress his face.
More than when the dragonfly perches on the bed
    and tears my eyes out from looking at it.
This is my last failure,
because I feel that my gaze
collides with yours and disappears like the smell
    of cigarettes in the elevator.
    Javiera
your blue and white squares
I can't hold them in my mind
because your heart beats like a buffalo
    about to be hunted.
And the cove in front of me,
reminds me that I must go away
where nobody finds me
where your bluish shadow doesn't remind me
    that sometime you were
a cunning love.
It was hard to find you,
because my eyelids always nested dust.
They nested an inherited hatred.
And then, what is love?

Javiera
Es el trance de un árbol que tiene más
astillas que hojas.
Es el tránsito de una calle cualquiera
que se difumina en el estertor de los días.
Y tus cabellos impregnados de pedernal
con un escrito que dice:
estoy tan lejos
y esa lejanía me alcanza
para encontrarte todos los días en un resquicio
de humo
de higuera
de azufre
de niebla
de la lejanía que significa
     no poder vivir contigo.
Javiera
Me has enseñado que el desamor existe,
     has estado lejos.
Quiero asir siempre tus cuadros azules con blanco,
caminar por un palito a la hora en que la luz de la tarde
se confunde con la de la mañana.
Caminar bajo la niebla,
y no soltar tu cabello
donde anidan colibríes viejos.
Ya no pueden volar en busca de alimento,
ni sepultarte acaso en un cementerio que
busca la primera luz de la mañana
     y seguir pensando
que tu corazón es aquel árbol.

Javiera
It is the trance of a tree that has more
splinters that leaves.
It is the traffic of any street
that fades in the death rattle of days.
And your hair impregnated with flint
with a writing that says:
I am so far
and that distance reaches me
to find you every day in a loophole
of smoke
of fig tree
of sulfur
of fog
of the distance that means
    not being able to live with you.
Javiera
You have taught me that heartbreak exists,
    you have been away.
I always want to hold on to your blue and white squares,
walk on a stick at the time when the afternoon light
is confused with that of the morning.
To walk under the fog
and not let go of your hair
where old hummingbirds nest.
They can no longer fly in search of food,
nor bury you in a cemetery that
seeks for the first light in the morning
    and to keep on thinking
that your heart is that tree.

Y de ese árbol
      se hizo tu primer y único sillón rojo.
Y qué si te digo que quiero aliviar
      la pena de los colibríes en tu cabello
diciéndoles que se queden allí,
como tú.
Una figura que se dilata,
se petrifica,
que baja la mirada,
y solo atina a sonreír.
Cuando debe decir otra cosa.
Y qué harías si te digo
que quiero asir tus cuadros azules con blanco
desde ahora,
desde que te vi,
de espaldas.
No quiero fracasar de nuevo
No contigo.
Voy a lavar tus prendas azules.
luego te llevaré a aquel árbol y
espero que así entiendas
que el amor
no es revivir de nuevo todo
es deconstruir el primer recuerdo.
Y por eso
   ahora
que estás desnuda
los cuadros no molestarán más tu vida
ahora impregnaré tus cabellos de azul
y qué harías si te digo
jamás volveré a dejarte de espaldas en aquel árbol.

And from that tree
    your first and only red armchair was made.
So what if I tell you that I want to relieve
    the sorrow of the hummingbirds in your hair
telling them to stay there,
like you.
A figure that expands,
petrifies,
that looks down
and only manages to smile.
When it should say something else.
And what would you do if I told you
I want to hold on to your blue white squares
from now on,
since I saw you,
backwards.
I don't want to fail again
Not with you.
I'm going to wash your blue clothes.
then I'll take you to that tree and
I hope you understand
that love
it's not reliving everything again
it's to deconstruct the first memory.
And so
  now
that you are naked
the squares won't bother your life anymore
now I will impregnate your hair with blue
and what would you do if I told you
I will never leave your backwards on that tree again.

RECONSTRUCTION OF THE FATHER

No te ofrezco ningún gozo, sino solo la dicha fecunda de una larga y segura paz. Hay acaso una ardilla en tu corazón, una perpetua alma lisonjera que palpita porque sabe que será el fin. Es posible que nuestro padre haya sido la escusa para encontrarte dos veces en aquel desierto fantasma.

He llegado a la ruta austral
hay un tren que se precipita hacía el abismo.
Es media noche y no me alcanza
    el tiempo para fumar en tu hombro, padre.
Me acompaña tu sangre.
Me acompaña la desidia.
Acorto las pupilas de tus ojos
Hoy es un buen día para viajar
con la punta de mi lengua.
Dejo acá un palito de helado
para terminar con tu destrucción.
En cuanto a Javiera,
la veré pronto,
Ella baila con un instrumento imaginario
con el puño cerrado.
Todavía la persiguen los cuadros azules.
Me sentaré acá en este sillón a rojo
a esperar que fume, luego cruzará la valla.

I do not offer you any joy, but only the fruitful happiness of a long and safe peace. Could it be a squirrel in your heart, a perpetual flattering soul that throbs because it knows that it will be the end. It is possible that our father was the excuse to find you twice in that ghost desert.

I have reached the southern route
there is a train that rushes towards the abyss.
It's midnight and I don't have enough
    time to smoke on your shoulder, father.
Your blood accompanies me.
Apathy accompanies me.
I shorten the pupils of your eyes
Today is a good day to travel
with the tip of my tongue.
I leave here an ice cream stick
to end your destruction.
As for Javiera,
I will see her soon,
She dances with an imaginary instrument
with a closed fist.
The blue squares still haunt her.
I will sit here in this red armchair
to wait for her to smoke, then she will cross the fence.

MASSACRE ON HARRINGTON STREET

Sebastián Melmoth
(compiler)

TELEGRAMA

La guerra ha terminado — (stop) — Me quedaré grogui en esta esquina — (stop) — No soy un grumete, ni soldado, mucho menos escritor — (stop) — Solo soy un falsete de fotógrafo que ya no tiene razón por la cuál levantarse cada mañana.

TELEGRAM

The war is over — (stop)   I'll stay groggy in this corner — (stop) — I'm not a cabin boy, not a soldier, much less a writer — (stop) — I'm just a falsetto of a photographer who no longer has any reason to get up every morning.

MASSACRE ON HARRINGTON STREET

Tenemos derecho a morir como queramos, para que la tierra pueda ocultarse en una espiga.
— **M. Darwish**

Todos estos relatos contienen, de manera sintética, lo que Robert Capa hubiera podido narrar en alguno de sus libros, si es que hubiera escrito alguno. No es mi deber contar como fueron a parar a mis manos estos textos, pero si debo resumir podría hacerlo en dos palabras: clepto o mitomanía. Ambas pudieron cohesionarse y como resultado tengo acá seis textos, y claro está, mi deber como corredor de relatos se debe más a un afán financiero que estético. Por lo mismo, entrar en el asunto del caso sería una falta de respeto al lector, por no decir hipocresía. Sin embargo, el tiempo y la lectura de diversos textos me han dado la posibilidad de conocer un poco de todo. Afirmo entonces que sé lo estrictamente necesario sobre la novela policial, desde el triunvirato que se designó a Hammett, Chandler y Macdonald hasta la deformación del policial, que ha terminado con un nombrecito peculiarmente repulsivo *thriller*. Ahora todo el mundo puede o debe escribir novelas policiales o negras. Siento que, si me preocupo demasiado, entonces mi afán estético se sobrepondrá al financiero. Mi tarea como compilador es quizá el más sincero de todos los que existen a nivel literario, no pienso dar razones al respecto. Acerca de mi relación con Robert Capa, nos topamos un par de veces, quizá menos que más. Siempre estuvimos en la misma mesa, nosotros dos y otro gentío que se alborotaba al conocer sus cruentas historias. Más de una vez pensé que Pinky era otra fábula de la guerra, hasta que la vi. Bastaron tres días para saber cómo iba a terminar esta historia.

Sebastián Melmoth
Compilador

We have the right to die any way we wish.
May the earth hide itself away in an ear of wheat.
— M. Darwish

All these stories contain, synthetically, what Robert Capa could have narrated in any of his books, if he had written one. It is not my duty to tell how these texts ended up in my hands, but if I must summarize I could do it in two words: klepto or mythomania. Both were able to come together and as a result I have six texts here, and of course, my duty as a storyteller is due more to a financial than an aesthetic desire. For the same reason, entering the subject of the case would be a lack of respect for the reader, not to say hypocrisy. However, time and reading various texts have given me the possibility of knowing a little bit of everything. So, I affirm that I know what is strictly necessary about the detective novel, from the appointed triumvirate of Hammett, Chandler and Macdonald to the deformation of the detective genre, which has ended up with a peculiarly repulsive name, *thriller*. Now everyone can or must write detective or noir novels. I feel that if I worry too much, then my aesthetic zeal will overcome the financial one. My task as a compiler is perhaps the most sincere of all those that exist at the literary level, I do not intend to give reasons about it. About my relationship with Robert Capa, we ran into each other a couple of times, maybe less than more. We were always at the same table, the two of us and another crowd that was excited by knowing his gory stories. More than once I thought that Pinky was another war tale, until I saw her. It took only three days to know how this story would end.

Sebastián Melmoth
Compiler

Ya no tenía motivo por el que levantarse cada mañana. Había nacido sin dinero para viajar, en un país con un idioma inútil. ¿Qué significaba ser húngaro? Es posible que Friedmann jamás conozca la respuesta, pero mientras pensaba en ello, pudo adjudicarse otro nombre, otra nacionalidad, e incluso enamorarse de alguien con el cabello rosado. Endre E. Friedmann carece del sonido musical de un nombre, suena más bien a una sentencia. Cada vez que alguien pronunciaba Friedmann, sentía que su nombre era parte de esa cancioncilla que llevó a Rezsö Seress y otra treintena de personas a suicidarse con el Szomorú Vasárnap. Años después Billie Holliday grabaría la misma canción, Gloomy Sunday, y nuevamente Friedmann supo que su idioma quedaría en el olvido. Podía dedicarse a muchas cosas para desligarse de su cultura e idioma, pero sabía que siempre estaría unido a él. Y cada vez que pensaba en Szomorú Vasárnap, tarareaba la versión en inglés.

La edad parisina

Erno Friedmann se encoje de hombros
le gustaría llorar mientras alguien lo despide
     en el andén 54
hubiera querido —quizá
que su madre le llevará un par de libros y
     mermelada de guindas
pero seguro ella quedó triste, llorando por su
     pequeño *Bandi*

He had no reason to get up every morning. He had been born with no money to travel, in a country with a useless language. What did it mean to be Hungarian? It is possible that Friedmann may never know the answer, but while he thought about it, he was able to give himself another name, another nationality, and even fall in love with someone with pink hair. Endre E. Friedmann lacks the musical sound of a name, it sounds more like a judgment. Every time someone pronounced Friedmann, he felt that his name was part of that little song that led Rezsö Seress and thirty other people to commit suicide with the Szomorú Vasárnap. Years later Billie Holliday would record the same song, Gloomy Sunday, and again Friedmann knew that his language would be forgotten. He could do many things to detach himself from his culture and language, but he knew that it would always be attached to him. And every time he thought of Szomorú Vasárnap, he hummed the English version.

The Parisian age

Erno Friedmann shrugs
he would like to cry while someone says goodbye to him
    on platform 54
he would have wanted —maybe
that his mother had brought him a couple of books and
    sour cherry jam
but surely she was sad, crying for her
    little *Bandi*

MASSACRE ON HARRINGTON STREET

ya no era tan pequeño,
jamás fue de su agrado ese apodo
pero echaba de menos la sopa de guindas
                                     de su madre
y a su hermano Kornél
Erno Friedmann se toca el cabello
se alisa las cejas
las mismas cejas de su padre
las mismas cejas de su hermano
y dentro el tren
las mujeres ya no sonríen
solo una
aquella que tiene las zapatillas rojas
Erno la mira
Erno piensa en las guindas
en Paris
        en las novelas de Simenon
le gustaría tener un gemelo malvado como
        Pietr-le-Letton
quizá lo tenga algún día
ese gemelo tendrá astucia
30 años —quizá
una cámara
y si tiene suerte
podría conocer a la chica de las zapatillas rojas
Erno Friedmann baja del tren
en el andén 25 no lo espera nadie
ve como se aleja el tren y la chica de las
        zapatillas rojas
y camina, camina hasta dar con una librería

he was no longer so little,
he never liked that nickname
but he missed the sour cherry soup
                    of her mother
and his brother Kornél
Erno Friedmann touches his hair
he straightens his eyebrows
the same eyebrows of his father
the same eyebrows of his brother
and inside the train
women no longer smile
just one
the one with the red slip-ons
Erno looks at her
Erno thinks of sour cherries
of Paris
      of Simenon's novels
he would like to have an evil twin like
Pietr-le-Letton
maybe he will someday
that twin will be cunning
30 years old —maybe
a camera
and if he is lucky
he could meet the girl in the red slip-ons
Erno Friedmann gets off the train
on platform 25 nobody awaits him
he watches the train move and the girl in the
      red slip-ons
and walks, walks until he finds a bookstore

entra
—busco libros de Simenon— dice
la chica le entrega *Pietr-le-Letton*
y pregunta, ¿también desea tener un
    gemelo malvado?
Friedmann sonríe, y asiente con la cabeza
Un gusto, Robert, Robert Capa
¿y el suyo?
Gerda Taro.

enters
—I'm looking for Simenon books— he says
the girl hands him *Pietr-le-Letton*
and asks, do you also wish to have an
      evil twin?
Friedmann smiles, and nods
My pleasure, Robert, Robert Capa
and yours?
Gerda Taro.

Ce soir, Gerda

Ce soir, Gerda
Si le confesara su nombre, no me creería
                        Gerda Taro.

Y qué pasaría si te dijera que tiene el hálito de
        hace cinco días,
siempre quiere un poco de vino, vino tinto
vino que palpita en las esteras de su casa,
y se cansa de ser mujer,
ella le abre la cara a los soldados a regañadientes
les presta un par de golpes
les presta el puño
les presta a la boxeadora que no pudo ser
porque cuando boxea no escribe
cuando escribe, no fotografía
pero cuando toma fotos da tumbos sobre la mesa
con el vino, con los soldados
y entonces en la calle la miran y la saludan
y yo pienso como boxeador no como fotógrafo
porque a veces soy un boxeador atrapado en el
        cuerpo de un fotógrafo
Muhammad Ali no lo hubiera dicho mejor:

        "Imposible" no es un hecho, es una opinión.

Ce soir, Gerda

Ce soir, Gerda
If I confessed her name, you wouldn't believe me
                                        Gerda Taro.

And what if I told you that she has the bad breath of
        five days ago,
always wants some wine, red wine
wine that throbs on the mats of her house,
and she gets tired of being a woman,
she reluctantly breaks the soldiers' faces
lends them a couple of blows
lends them a fist
lends them the boxer she couldn't be
because when she boxes she doesn't write
when she writes, she doesn't photograph
but when she takes pictures she stumbles on the table
with the wine, with the soldiers
and then on the street they look at her and greet her
and I think as a boxer not as a photographer
because sometimes I'm a boxer trapped in the
        body of a photographer
Muhammad Ali could not have said it better:

        "Impossible" is not a fact, it's an opinion.

MASSACRE ON HARRINGTON STREET

y la gente dice que yo opino todo el tiempo
pero ellos no saben nada acerca de mí,
de mis fotos, de mi muerte, de mi limbo
estoy condenada
la guerra me ha hecho ser mejor boxeadora
he dejado de escribir,
he empezado a boxear,
quiero que los golpes lleguen despacio
quiero quedar grogui
quiero que el vino aletargue mi voz
en ese orden, en esa transición
dejar de respirar
y ser simplemente Gerda
ce soir, Gerda
—gritaron
Ce soir, à bientôt!
quiero boxear ahora,
pero no puedo levantarme
déjenme prender este cigarro
luego nos vamos.

and people say that I have opinions about everything
but they don't know anything about me,
of my photos, of my death, of my limbo
I am doomed
war has made me a better boxer
I have stopped writing,
I have started boxing,
I want the blows to come slowly
I want to be groggy
I want the wine to dull my voice
in that order, in that transition
stop breathing
and just be Gerda
ce soir, Gerda
—they shouted
Ce soir, à bientôt!
I want to box now,
but I can't get up
let me light this cigarette
then we go.

Podemos hacer un montón de cosas, pensé, como bailar en la cocina y que ella me envuelva en papel celofán mientras los residuos de la comida toman forma en la pileta, junto a la vajilla rota, el basurero y los granos de arroz. Si pudiera, cabalgaría delante de ella, hasta perderme en el desierto, y aunque esté a un metro de distancia, jamás cruzaremos palabra, porque prefiero imaginar que esto es la peor parte de un cortometraje yanqui, donde los diálogos son cortos y poco profundos, porque no hay presupuesto o porque los escritores estaban hastiados de escribir. Entonces, yo que tengo el script en la punta de la lengua, me parece completamente estúpido decir lo que se debería. ¿Por qué tienes el cabello ondulado?, ¿fumas antes de dormir?, ¿puedes quedarte hasta las 7:30? Pero todo eso era imposible, porque el caballo que yo montaba no era mío, porque yo era de otra ciudad (con un idioma inútil), porque al día siguiente me habría ido lejos y hubiera pasado como el olor del cigarro en un elevador. Entonces ella se dio la vuelta y me sonrió, mientras yo tarareaba algunas canciones de moda. Pensaba decirle que estaba muy entusiasmado con el nuevo disco de Billie Holiday. Pinky, así se llamaba, se alimentaba de una locura insana, intentaba no ser tácita conmigo. Todas las veces que nos volvimos a ver en el andén, ella me contaba un millón de historias disímiles, jamás había un hilo coherente, yo solo la escuchaba y preguntaba para intentar hilar alguna que otra historia, y apenas salíamos del andén, ella se echaba a llorar.

We can do a lot of things, I thought, like dancing in the kitchen and having her wrap me in cellophane while the food scraps take shape in the sink, next to the broken dishes, the trash can, and the grains of rice. If I could, I would ride in front of her, until I got lost in the desert, and even if she is three feet away, we will never cross a word, because I prefer to imagine that this is the worst part of a Yankee short film, where the dialogues are short and shallow, because there is no budget or because the writers were fed up with writing. So I, who have the script on the tip of my tongue, find it completely stupid to say what should be said. Why do you have wavy hair? Do you smoke before sleeping? Can you stay until 7:30? But all of that was impossible, because the horse I was riding was not mine, because I was from a different city (with a useless language), because the next day I would have gone far away and would have passed like the smell of a cigarette in an elevator. Then she turned around and smiled at me, while I hummed some popular songs. I thought of telling her that I was very excited about the new album by Billie Holiday. Pinky, that was her name, she fed on an insane madness, she tried not to be unspoken with me. Every time we saw each other on the platform, she would tell me a million disimmilar stories, there was never a coherent thread, I just listened and asked things trying to string together one story or another, and as soon as we left the platform, she would lie down to cry.

MASSACRE ON HARRINGTON STREET

Siempre que veo tu espalda frente a la ventana,
te imagino como si fueras uno de esos tantos soldados
entonces puedo recobrar el sentido,
y me alejo de ti

—me alejo—

me alejo con palabras y acusaciones sin sentido.

Whenever I see your back in front of the window,
I imagine you as if you were one of those many soldiers
then I can regain consciousness,
and I walk away from you

—I walk away—

I walk away with senseless words and accusations.

Cada vez que veía recorrer a borbotones aquellas salinas lágrimas, pensaba que lo único bueno de ella era el gustito que tenía por Edward Estlin Cummings. Siempre que me leía La Guerre, pensaba que intentaba darme un sermón solapado. Ella no entendía la poesía y menos la poesía de Cummings. Dejé al poeta de Cambrigde por las novelas policiales, sin embargo, cada cierto tiempo me acordaba de su voz y me era casi imposible no pensar en La Guerre, creo que iba así.

La Guerre

He visto inteligente como las amapolas
      se confunden en la noche.
He visto el silencio de los cuerpos adolescentes
   que se contonean con sus hermosas armas platinadas.
Van de la mano como si fueran con su madre,
al mercado, a la iglesia, al colegio.
Y a sazón de esto
duermen aterrados al lado de sus madres.
Acá no hay nada para comer,
nada, excepto damascos.
Y como el hambre es más fuerte
la madre termina siendo olvidada bajo las rocas
o en alguna afanosa caverna hecha a mano
de barro y hojas secas.
Es incomprensible para esos hombres
que parecen niños,
sientan el olor del damasco

Every time I saw those salty tears gush past, I thought that the only good thing about her was the taste she had for Edward Estlin Cummings. Whenever she read La Guerre to me, I thought she was trying to give me a sneaky sermon. She did not understand poetry, least of all Cummings' poetry. I left the Cambrigde poet for the detective novels, however, every once in a while, I remembered her voice and it was almost impossible not to think about La Guerre, I think it went like this.

La Guerre

I've seen smartly how poppies
        get confused at night.
I've seen the silence of adolescent bodies
        who waddle with their beautiful platinum guns.
They go hand in hand as if they were with their mother,
to the market, to the church, to school.
And before long
they sleep terrified next to their mothers.
There is nothing to eat here,
nothing, except apricots.
And as hunger is stronger
the mother ends up being forgotten under the rocks
or in some arduous handmade cavern
of mud and dry leaves.
It is incomprehensible for those men
who look like children,
to sense the smell of apricots

y no importa si las cáscaras se convierten
    en su lecho de muerte,
esperarán a la próxima primavera.
Mientras tanto tomarán a su madre de nuevo
y se irán campantes con su cesta de
damascos.

and it doesn't matter if the peels turn
    into their deathbed,
they will wait for the next spring.
Meanwhile they will take their mother again
and they will go nonchalantly with her basket of
apricots.

Qué hace un niño inerte sobre una caja,
    una caja de fósforos.
Cuando lleva en la mano un arma, pero no sabe
    qué es un arma.
Cuando piensa en su hermano en la comisura
    del abismo,
    con los ojos blancos.
Cuando se carcome las uñas y estas saben a
    azufre y pimienta.
Me gusta recostarme boca abajo cuando la niebla
    cae a borbotones.
La niebla es como la ráfaga itinerante de
    hombrecitos blancos.
La niebla evita que los paracaídas aterricen,
    que las enfermeras se fumen un cigarro,
    que los malheridos piensen en su bandera.
La niebla es el propósito para distinguir
    tus ojos del abismo.
No quiero escribir esto, por eso solo apunto con
    mi cámara;
    al niño que está recostado frente a su hermano.
Su hermano espera que la niebla se disipe y
    empiece la garúa.

What does a lifeless child do on a box,
    a box of matches.
When he carries a gun in his hand, but doesn't know
    what a gun is.
When he thinks of his brother at the corner
    of the abyss,
    with white eyes.
When he eats his nails and they taste like
    sulfur and pepper.
I like to lie on my stomach when the mist
    gushes out.
The mist is like the roving blast of
    white little men.
The mist prevents parachutes from landing,
    nurses from smoking a cigarette,
    the wounded from thinking of their flag.
The mist is the purpose to distinguish
    your eyes from the abyss.
I don't want to write this, that's why I only point with
    my camera;
      to the boy who is lying in front of his brother.
His brother waits for the mist to clear and
    the drizzle to begin.

El niño no le tiene miedo a la niebla.

          El hermano le teme a la garúa.

                Y yo me siento lejano y eterno en la niebla,
porque imagino esa rara música de antaño,
imagino a mi padre en Budapest,
diciéndole a todo el mundo que tiene un
      hijo fotógrafo,
un hijo que quería escribir novelas policiales,
pero terminó siendo fotógrafo de guerra.
Un hijo que mantiene conversaciones fractales
      con M. Darwish.
Un hijo que le tiene miedo a la niebla,
porque su cuerpo es tan débil como el del niño y
      su hermano que miran la garúa.

Qué hace un niño con un arma en la mano.
Inerte, apuntando a una caja de fósforos.
Y la noche no le alcanza para ver la disipación de
      la niebla.
Y la cámara no alcanza a retratarlos.
Solo pienso en la frase que le diría a M. Darwish.
Qué hace un niño inerte sobre una caja,
una caja de fósforos,
cuando lleva en la mano un arma,
pero no sabe qué es un arma.

The child is not afraid of the mist.

        The brother is afraid of the drizzle.

                And I feel distant and eternal in
the mist,
because I imagine that rare music of yesteryear,
I imagine my father in Budapest,
telling everyone that he has a
    photographer son,
a son who wanted to write detective novels,
but who ended up being a war photographer.
A son who keeps fractal conversations
    with M. Darwish.
A son who is afraid of the mist,
because his body is as weak as that of the boy and
    his brother looking at the drizzle.

What does a child do with a gun in his hand.
Lifeless, pointing to a matchbox.
And the night is not enough to see the dissipation of
    the mist.
And the camera cannot capture them.
I only think of the phrase I would say to M. Darwish.
What does a lifeless child do on a box,
a box of matches,
when he has a gun in his hand,
but he doesn't know what a gun is.

Yo sabía que, si olvidaba esas cosas que para Pinky eran importantes, entonces podría olvidarme de lo poco que teníamos a distancia, porque olvidarse de E. E. Cummings era algo imperdonable, pero sucedió. Y así como prescindí lo que significaba "la patria", entre comillas, dejé de lado a Cummings. Aparte de tener buena memoria, Pinky era muy patriota, o quizá demasiado yanqui. Yo abrazaba el patriotismo como un pedazo de hojalata que arrastraba por todas partes. Los helados, por ejemplo, pienso en su sabor, aquellos que se te hacen agua la boca cuando eres niño, pero al crecer esa sensación es más bien una convención o conexión con tu infancia perdida. Los adultos por ejemplo no saborean los helados, así como los niños no entienden de patriotismo. La guerra me ha enseñado que dos de cada diez hombres suelen ser patriotas, los otros, si es que su memoria no los engaña, prefieren el helado. Yo soy húngaro, mi padre me exilió a los 18 años, Pinky lo hizo a los 35.

I Like my body when it is with your body

Sé que no es la vainilla
sé que no son los huesos corroídos por la pólvora
ya no le temo a los paracaídas
ya no le temo a los antihéroes
no después de haber leído a Lukács
las novelas y la guerra
son mundos que han sido abandonados por dios
mi afición a las novelas policiales

I knew that, if I forgot those things that were important to Pinky, then I could forget of how little we had amidst the distance, because forgetting E. E. Cummings was something unforgivable, but it happened. And just as I dispensed with the, quote unquote, meaning of "homeland", I left Cummings aside. Besides having a good memory, Pinky was very patriotic, or perhaps all too Yankee. I embraced patriotism like a piece of tin that I was dragging everywhere. Ice cream, for example, I think of the flavors, those that make your mouth water when you are a child, but as one grows up that feeling is more of a convention or connection to your lost childhood. Adults, for example, do not savor ice cream, just as children do not understand patriotism. War has taught me that two out of ten men are usually patriots, the others, if their memory does not deceive them, prefer ice cream. I'm Hungarian, my father exiled me at 18 years old, Pinky did it at 35.

I Like my body when it is with your body

I know it's not vanilla
I know it's not the bones corroded by gunpowder
I'm no longer afraid of parachutes
I'm no longer afraid of antiheroes
not after reading Lukács
novels and war
are worlds that have been abandoned by god
my fondness for detective novels

se desprende tangencialmente de la
    escritura de la misma
pues mientras más cercano me encuentre
    de los antihéroes
mi afición se irá desintegrando.

tangentially follows from
    writing them
because the closer I am
    to antiheroes
the more my fondness will disintegrate.

A veces siento que la carne se me estremece y no puedo pensar en las miles de balas, que se requiebran dentro, que se inundan, se revuelven cuando estoy en la trinchera. La trinchera es el paso entre la tierra y el cielo, sería mucho más lógico decir, entre la tierra y la tierra. Sé, que todavía estoy vivo, abalanzarme y seguir con la escopeta, la calle es el encuentro con los otros. La trinchera es como el féretro que te encadena a la tierra y mientras sudo, me miro y me cubro, pienso estúpidamente en los besos, porque no quiero morirme pensando como un hombre, sino más bien como un niño, torpe e ingenuo. Y aunque ni siquiera los labios me han permitido enamorarme, he leído alrededor de 34 cartas de amor, cartas que mis amigos me han pasado para corregirlas o agregarles un toque amoroso, pero he errado puesto que mi relación con el amor es más bien nula. Entonces terminé escribiendo insólitos párrafos que ocupaban la tercera parte del texto. A veces rellenaba las cartas con pasajes nebulosos sobre las novelas policiales que había leído. Movido por dicha acción, la carta que hablaba de lo lindo que sería despertar una mañana con alguien, se mezclaba con el leit motiv de un detective.

Eleonora

me aturde pensar en tus zapatillas rojas
Eleonora
la música country me hace recuerdo
     a la tristeza de Dillinger

Sometimes I feel the flesh shudder and I cannot think about the thousands of bullets, shattering inside, flooding, stirring up when I'm in the trench. The trench is the passage between the earth and heaven, it would be much more logical to say, between the earth and the dirt. I know that I am still alive, I will jump and continue with the shotgun, the street is the encounter with the others. The trench is like the coffin that chains you to the ground and while I sweat, I look at myself and cover my body, I think stupidly about kisses, because I don't want to die thinking like a man, but rather like a child, clumsy and naive. And although not even my lips have allowed me to fall in love, I have read around 34 love letters, letters that my friends have given me to correct them or add a touch of love, but I have erred since my relationship with love is rather null. So, I ended up writing unusual paragraphs that occupied a third of the text. Sometimes I filled the letters with nebulous passages about the detective novels I have read. Induced by this action, the letter that told of how nice it would be to wake up one morning with someone, was mixed with the leitmotif of a detective.

Eleonora

it stuns me to think of your red sneakers
Eleonora
country music reminds me
    of Dillinger's sadness

antes de ser apresado
antes que su amada Evelyn se convirtiera
en cantante convicta
dime una cosa, Eleonora
qué siente alguien como Dillinger
      cuando roba un banco y después
le tira un beso a su amada
Eleonora
la música country me hace recuerdo
      a la tristeza de Dillinger
antes de ser amado
Eleonora
sé que esta tarde no tendré tiempo para verte
porque me ha tocado estar bajo la trinchera
es tan linda la foto tuya, Eleonora
temo que si te veo,
      otro soldado se enamore de ti
—miento
temo que si veo tu foto,
      sienta la tristeza de Dillinger
antes de ser acribillado
Eleonora.

before being caught
before his beloved Evelyn became
a convicted singer
tell me something, Eleonora
what does someone like Dillinger feels
    when he robs a bank and then
blows a kiss to his beloved
Eleonora
country music reminds me
    of Dillinger's sadness
before being loved
Eleonora
I know I won't have time to see you this afternoon
because it's my luck to be under the trenches
this photo of yours is so pretty, Eleonora
I'm afraid if I see you,
    another soldier will fall in love with you
—I lie
I'm afraid if I see your photo,
    I will feel Dillinger's sadness
before being riddled with bullets
Eleonora.

MASSACRE ON HARRINGTON STREET

Este es el proyecto de un beso,
un beso que se esconde en la violencia
—de los cuerpos—
cuerpos que desfilan con las pancartas impuestas,
pancartas que dicen:
Un buen soldado muere por su patria
Un buen soldado alza las armas por su patria
Un buen soldado se alimenta de la tierra
Un buen soldado sufre de hambre
Un buen soldado traiciona a su amigo
Un buen soldado se muere de hambre
Un buen soldado se masturba a las 3:00 am
       cuando nadie lo escucha
Un buen soldado no busca morir por su patria,

This is the project of a kiss,
a kiss that hides in violence
—of the bodies—
bodies that parade with the banners imposed,
banners that say:
A good soldier dies for his homeland
A good soldier rises up in arms for his homeland
A good soldier feeds himself from the ground
A good soldier suffers from hunger
A good soldier betrays his friend
A good soldier starves to death
A good soldier masturbates at 3:00 am
      when nobody listens to him
A good soldier does not seek to die for his homeland,

busca matar por su vida
Un buen soldado no se enamora,
    ni pide perdón
Un buen soldado escribe sus memorias
Un buen soldado lee el periódico y busca
trabajo de conserje, profesor, constructor, mesero
Un buen soldado camina por las calles
apuntando con su mano o sus ojos,
    como si fuera un arma.
Un buen soldado llora por las noches, cuando
ve a su madre en zapatos de tacón
Un buen soldado se levanta a las 5:45 am
e iza la bandera junto a su hijo.
Un buen soldado no cree en el azar,
ni en las cartas, ni en los juegos
Un buen soldado no ríe, pero si peca
Un buen soldado se baña todos los días
y se agrieta la espalda contra el muro
Un buen soldado va a la iglesia,
aunque no sepa rezar
Un buen soldado se enamora,
    aunque no sepa dar un beso
Un buen soldado no escribe cartas de amor,
escribe novelas policiales
Un buen soldado no lee a Whitman, lee a Pound.

he seeks to kill for his life
A good soldier does not fall in love,
    nor does he ask for forgiveness
A good soldier writes his memoirs
A good soldier reads the newspaper and searches
work as a janitor, teacher, builder, waiter
A good soldier walks the streets
pointing with his hand or his eyes,
    as if he were a weapon.
A good soldier cries at night, when
he sees his mother in high heels
A good soldier gets up at 5:45 am
and hoists the flag next to his son.
A good soldier does not believe in chance,
neither in cards, nor in games
A good soldier does not laugh, but he does sin
A good soldier bathes every day
and cracks his back against the wall
A good soldier goes to church,
even if he doesn't know how to pray
A good soldier falls in love,
    even if he doesn't know how to kiss
A good soldier does not write love letters,
he writes detective novels
A good soldier doesn't read Whitman, he reads Pound.

ROBERT CAPA. Edad aparente 32, estatura 1,62m

El comisario M. de la primera brigada móvil alzó la cabeza, y tuvo la impresión de que se iba a estrellar con el tubo de escape, miró su reloj, señalaba las 17h45. Pateó la colilla del Lucky a medio terminar, gruñó y dijo algo para sí, dio dos golpes a la parte trasera del camión y este partió. No sabía qué pensar, evidentemente había sido un accidente. Conoció a Robert Capa hace años, siempre bien peinado y con las botas limpias. Nunca le faltaba un cigarro en los labios, menos cuando el frente acribillaba al enemigo. Cada vez que se ausentaba, los soldados solían jugar a las cartas.

Yo imaginaba a Capa en la cubierta de un barco francés, empapado de niebla, con los pies congelados, moviendo los meñiques. Cuando terminó la guerra, creí que iba a ser un fotógrafo sedentario en París. Volvió solo. Ya no le quedaba nada, Pinky se fue para siempre con ese

ROBERT CAPA. Apparent age 32, height 5'4"

Commissar M. of the First Mobile Brigade raised his head, and had the impression that he was going to crash with the exhaust pipe, looked at his watch, it pointed at 17h45. He kicked the butt of the half-finished Lucky, growled and said something to himself, tapped the back of the truck twice, and it left. He didn't know what to think, obviously it had been an accident. He met Robert Capa years ago, always well groomed and with clean boots. He never lacked a cigarrette on his lips, least of all when the front riddled the enemy with bullets. Whenever he was absent, the soldiers used to play cards.

I imagined Capa on the deck of a French ship, soaked in mist, with his feet frozen, moving his pinkies. When the war ended, I thought he was going to be a sedentary photographer in Paris. He came back alone. He had nothing left, Pinky was gone forever in that long green

abrigo largo y verde. Hace días que tenía un presentimiento sobre Capa. Estaba en el barco, se sentaba para anudarse las botas, al tiempo que se paraba, la niebla cubría sus pies y ya no podía verlos. Pero apenas intentaba caminar, Capa caía abruptamente, intentaba pararse de nuevo y cual venado recién nacido, era tan torpe con sus movimientos que caía una y otra vez. Entonces gritaba mi nombre. Yo lo escuchaba, lo veía de reojo. Y no sé si fue admiración o rabia, lo dejaba gritar por horas, hasta que se quedó dormido. Entonces iba a su encuentro, sustraía las botas de su lado y le masacraba los pies. Él no sentía nada, solo fumaba y gruñía bajito: Melmoth, esas botas están sucias.

coat. For days I had a feeling about Capa. He was on the boat, he sat down to tie his boots, as he stood up, the mist covered his feet and he could no longer see them. But as soon as he tried to walk, Capa would fall abruptly, he tried to stand up again and like a newborn deer he was so clumsy with his movements that he fell again and again. Then he called out my name. I heard him, I was looking at him sideways. And I don't know if it was admiration or rage, I let him scream for hours, until he fell asleep. Then I would go meet him, remove the boots from his side and massacred his feet. He felt nothing, he only smoked and growled softly: Melmoth, those boots are dirty.

TELEGRAMA no enviado

Le dije que me esperará cinco minutos — (stop) — Subí al ático, tomé el cuadernito rojo — (stop) — sin querer eché la colonia que tenía sobre la mesa — (stop) — aquel olor me avisó que ella se había marchado, seguro contó los pliegues de su vestido, como una niña retrasada — (stop) — vio la oportunidad de irse, porque siempre fue más fuerte su nivel de salida que de entrada, así como cuando hablaba — (stop) — Hablaba mucho, porque tenía miedo que la mirara y dejaba de hablar cuando quería mostrarse como la típica heroína de las películas gringas — (stop) — Siempre supe que aquel abrigo verde me iba a causar la desazón más grande de mi vida — (stop) — debí haberlo quemado, junto a todas las colillas de cigarros que están en la izquierda del ático de mi casa — (stop) — Melmoth, creo que estaré en cama un par de días, ahora que la guerra ha terminado, ya no tengo porque levantarme cada mañana.

TELEGRAM not sent

I told her to wait for me five minutes — (stop) — I went up to the attic, I took the little red notebook — (stop) — I accidentally threw the cologne I had on the table — (stop) — that smell warned me that she had left, She surely counted the folds of her dress, like a retarded girl — (stop) — She saw the opportunity to leave, because her exit level was always stronger than her entry level, just as when she talked — (stop) — She talked a lot, because she was afraid I would look at her and she stopped talking when she wanted to show herself as the typical heroine of gringo movies — (stop) — I always knew that green coat was going to cause me the biggest distress of my life — (stop) — I should have burned it, next to all the cigarette butts that are on the left of the attic of my house — (stop) — Melmoth, I think I'll be in bed for a couple of days, now that the war is over, I no longer have to get up every morning.

MÁRGENES INFRARROJOS

L´image, une forme de violence

Milton Steiner
(COMPILADOR)

INFRARED MARGINS

L'image, une forme de violence

Milton Steiner
(compiler)

> *Los errores son siempre iniciales.*
> — **C. Pavese**

Todos estos poemas contienen, de manera sintética, lo que Sebastian Melmoth hubiera podido narrar en alguno de sus libros, si es que hubiera escrito alguno. No es mi deber contar como fueron a parar a mis manos estos textos, pero si debo resumir podría hacerlo en dos palabras: clepto y mitomanía. Ambas pudieron cohesionarse y como resultado surgieron siete textos, y claro está, mi deber como corredor de poemas se debe más a un afán financiero que estético, por lo mismo entrar en el asunto del caso sería una falta de respeto al lector, por no decir hipocresía. Sin embargo, el tiempo y la lectura de diversos textos me han dado la posibilidad de conocer un poco de todo. Siento que, si me preocupo demasiado, entonces mi afán estético se sobrepondrá al financiero. Mi tarea como compilador es quizá el más sincero de todos los que existen a nivel literario, no pienso dar razones al respecto. Acerca de mi relación con Melmoth, nos topamos un par de veces, quizá menos que más. Siempre estuvimos en la misma mesa, nosotros dos y otro gentío que se alborotaba al conocer sus cruentas historias. Más de una vez pensé que la mujer de la cual siempre hablaba era otra fábula de guerra, hasta que la vi, bastaron tres días para saber cómo iba a terminar esa historia.

He titulado esta compilación como **Márgenes Infrarrojos.** *L´image une forme de violence.* Quiero dar cuenta que todos los poemas fueron es-critos por autores del *No*. Para más información pueden acercarse y leer el texto de *Bartleby y compañía* o en su defecto *Bartleby el escribiente*, Enrique

IRIS KIYA

Mistakes are always at the beginning.
— **C. Pavese**

All these poems contain, in a synthetic way, what Sebastian Melmoth could have narrated in one of his books, if he had written one at all. It is not my duty to tell how these texts ended up in my hands, but if I must summarize I could do it in two words: klepto and mythomania. Both were able to come together and as a result seven texts emerged, and of course, my duty as a poetry broker is due more to a financial than an aesthetic concern, therefore entering the subject of the case would be a lack of respect for the reader, not to say hypocrisy. However, time and reading various texts have given me the chance to get to know a little of everything. I feel that, if I worry too much, then my aesthetic concern will overcome the financial one. My task as a compiler is perhaps the most sincere of all those that exist at the literary level, I do not intend to give reasons in this regard. About my relationship with Melmoth, we ran into each other a couple of times, maybe less than more. We were always at the same table, the two of us and another crowd that was excited by knowing his gory stories. More than once I thought that the woman he was always talking about was another war fable, until I saw her, it took three days to know how this story would end.

I have titled this compilation as **Infrared Margins. L´image une forme de violence.** I want to give an account that all the poems were written by authors of the *No*. For more information you can approach and read the text of *Bartleby & Co.* or failing that, *Bartleby the Scrivener*, Enrique

Vila-Matas y Herman Melville respectivamente. Todos estos poemas, o todas estas imágenes van acompañadas de la música de Chet Baker. Un joven Chet, después de haber sido expulsado de Europa por asuntos relacionados con los excesos de la heroína, un Chet que después de haber tocado para cierto batallón, decidió volver a los Estados Unidos y tras una paliza tuvo que arreglar la boca de su trompeta. Un Chet que quizá no sea tan relevante como otros músicos de jazz, así son estos poemas, son poemas del *No*, por-que los autores decidieron retirarse. El mutismo les llegó y por lo mismo es posible que quizá ninguno de los poemas tenga un fin, el fin que todo buen lector de poesía espera.

Sebastián Melmoth
Compilador

Vila-Matas and Herman Melville, respectively. All these poems, or all these images are accompanied by the music of Chet Baker. A young Chet, after being expelled from Europe for matters related to the excesses of heroin, a Chet who, after having played for a certain battalion, decided to return to the United States and who, after a beating, had to fix the mouthpiece of his trumpet. A Chet that may not be as relevant as other jazz musicians, that's how these poems are, they are poems of the *No*, because the authors decided to drop out. Silence came to them and for the same reason it is possible that perhaps none of the poems has an end, the end that every good reader of poetry expects.

Sebastián Melmoth
Compiler

Somos dos reflejos,
digo dos
porque no es que sea difícil compartirlo,
pero a veces es difícil mirarlo.

We are two reflections,
I say two
because it is not that it is difficult to share it,
but sometimes it is difficult to look at it.

Añoro las encías de mi hermano,
la infancia crece en mí,
cada segundo que estuve pensando
en esta carta,
imagino que sus encías
tenían un atorrante sabor a invierno
a marioneta de niño.
Y no debería comparar a mi hermano con S,
pero ambos huelen a leche caliente,
aquellos dientes que con el tiempo se adormilan
con pedacitos de pan y tabaco,
ellos se persignan,
ante la arena
que se retuerce con las esferas de las alcantarillas azules
y mientras más se retuercen
el olor del azufre
quema los dientes de mi hermano y S.
Mi hermano se despide todas las mañanas
con los dientes almidonados
Yo, un simple hombre, un soldado del batallón sur
recuerdo con claridad los dientes de mi hermano,
sus cabellos se dispersaban en el aire mientras comía
[ensalada de coles.
Entonces tuve un presentimiento,
corrí hacia su casa,
dejé al batallón sur,
me dieron de baja.
Al verlo me mostró sus dientes blancos,
quise correr y abrazarlo,
sucedió una explosión
y las cosas se pusieron a escuchar lo que jamás hablamos.

I miss my brother's gums,
childhood grows in me,
every second I was thinking
in this letter,
I imagine his gums
had an awful winter flavor
child's puppet flavor.
And I shouldn't compare my brother to S,
but they both smell like hot milk,
those teeth that eventually fall asleep
with pieces of bread and tobacco,
they cross themselves,
before the sand
that twists with the blue sewer spheres
and the more they twist
the smell of sulfur
burns my brother's and S's teeth.
My brother says goodbye every morning
with starched teeth
I, a simple man, a soldier of the southern battalion
clearly remember my brother's teeth,
his hair scattered in midair as he ate
                      [cabbage salad.
Then I had a feeling,
I ran to his house,
I left the southern battalion,
I was discharged.
At seeing him he showed me his white teeth,
I wanted to run and hug him,
an explosion happened
and things began to listen to what we never talked about.

Ya lo dijo mi padre
   la soledad me permite habitar un grano de mostaza
mi soledad es la gula
-q-u-e- siento por aquellas semillas.
Cada mañana recojo un puñado,
saludo el retrato de Williams Carlos Williams
o el que imagino que es Williams Carlos Williams
(quien quiera que sea el hombre de la foto)
y pienso en la carretilla roja
en la pestilencia plumífera de las gallinas.
Todo cambió hasta hace un par de meses,
me condicionaron un personaje
un b-o-x-e-a-d-o-r-
un f-r-e-a-k-
un g-i-g-a-n-t-e-
pero a mí no me importa el susodicho personaje
solo deseo habitar los granos de mostaza
      mirar la foto de Williams Carlos Williams
           rezar(le),
pedir(le) que cuide a las gallinas
y la irrisoria figura de Evelyn
ella me ignora cada vez que arrojo puñados de mostaza al criadero de gallinas
y pienso en la lejanía de su cuerpo,
de su mente.
La noche me sirve para enredarle a Evelyn (la pendenciera)
granos de mostaza en sus cabellos almidonados de estiércol
Ella se dejaba caer en la noche,
como un sembradío de mostaza.
Me gustaba verla en aquella cama carcomida por los abetos

My father already said it
loneliness allows me to inhabit a mustard seed
my loneliness is gluttony
-t-h-a-t- I feel for those seeds.
Every morning I pick up a handful,
I greet the portrait of Williams Carlos Williams
or the one I imagine is Williams Carlos Williams
(whoever the man in the photo is)
and I think about the red wheelbarrow
about the feathery pestilence of chickens.
Everything changed a couple months ago,
they conditioned me a character
a b-o-x-e-r-
a f-r-e-a-k-
a g-i-a-n-t-
but I don't care about the aforementioned character
I only wish to inhabit the mustard grains
       to look at the photo of Williams Carlos Williams
                     pray(to him),
ask(him) to take care of the chickens
and Evelyn's laughable figure
she ignores me every time I throw handfuls of mustard at the chicken coop
and I think about the distance of her body,
of her mind.
The night allows me to entangle mustard grains
in Evelyn's (the troublemaker) manure-starched hair
She dropped into the night,
like a mustard field.
I liked to see her in that bed worm-eaten by the fir trees

empapada en sudor por la cantidad de mantas viejas
-q-u-e- cubrían su cuerpo
Evelyn,
la mujer más irrisoria,
más que todas las gallinas de aquella finca
más que todos los pedazos de colillas que escondía bajo su almohada.
Odiaba la mostaza.
Odiaba la foto de Williams Carlos Williams.
Odiaba mi carretilla roja.
El olor que despedían las gallinas
y todas las veces que la gente me condicionaba un personaje
un b-o-x-e-a-d-o-r-
un f-r-e-a-k-
un g-i-g-a-n-t-e-
Ya lo dijo mi padre
la soledad me permite habitar un grano de mostaza
y olvidar la irrisoria sonrisa
de Evelyn combatiendo con las gallinas
en el estiércol.

drenched in sweat from the amount of old blankets
-t-h-a-t- covered her body
Evelyn,
the most laughable woman,
more than all the chickens on that farm
more than all the pieces of cigarette butts she hid under her pillow.
She hated mustard.
She hated the photo of Williams Carlos Williams.
She hated my red wheelbarrow.
The smell expelled by the chickens
and all the times people conditioned me a character
a b-o-x-e-r-
a f-r-e-a-k-
a g-i-a-n-t-
My father already said it
loneliness allows me to inhabit a mustard seed
and forget the laughable smile
of Evelyn fighting with the chickens
in the manure.

La niebla es un casquete que cubre el rostro de los campos
[en invierno,
no busco humor ni ironía.

Alguien que es portador de mis cabellos,
los lleva como se lleva a los muertos en las manos.
Los lleva como el cielo llevó mis cabellos aquel año
    en que amé.
Los lleva cerca al faro y lanza los cabellos
    desde arriba,
mientras sus ojos se difuminan con el estertor de la humedad.
Alguien que es portador de mis cabellos
juega un poco a saber-
un escorpión se levanta desde mi cadera herida
—sucedió hace más de 20 años—
tengo utensilios atornillados a mis huesos
y solo deseo que los tornillos migren
y se conviertan en carboncillo
dibujar cinco puntas mutiladas
el tiempo me ha dado una geometría
que hilvana a un gamo
y ahora me encadeno al ruido
    del mar
de los faros.
Aquel faro rojo con blanco
urde cual cigarra
el ruido de mis huesos al crepitar la noche
hace 20 años estábamos en el desierto-pensé
aquel verano que pasé por tu casa
y me perdí como el niño

The fog is a cap that covers the face of the fields
                              [in winter,
I'm not looking for humor or irony.

Someone who is a carrier of my hair,
He carries them as he carries the dead in his hands.
He carries them as heaven carried my hair that year
        in which I loved.
He carries them close to the lighthouse and throws the hairs
        from above,
while his eyes blur with the death rattle of dampness.
Someone who is a carrier of my hair
plays a little to know—
a scorpion rises from my wounded hip
—It happened more than 20 years ago—
I have utensils screwed to my bones
And I just want the screws to migrate
and turn into charcoal
draw five mutilated tips
time has given me a geometry
that bastes a fallow deer
And now I chain myself to the noise
              of the sea
of the lighthouses.
That red and white lighthouse
warping like a cicada
the noise of my bones when the night crackles
20 years ago we were in the desert-I thought
that summer I went by your house
and I got lost like the child

y entonces volví 20 años atrás
—entiendo que el olvido es una forma de seducción
para con el otro
me permito
que el faro me lleve
al asonante mar
y ese sonido me ayude
a inventar de nuevo el desierto de hace 20 años.
Hace cinco meses que nadie recordó el verano.
Hace cinco meses que nadie recordó el invierno.
Quiero permitirme una última cosa,
que el faro rojo con blanco
interrumpa mi cuerpo,
aquel cuerpo del niño que fui hará 20 años,
espero entonces a que el viento me devuelva los ojos
      o los cabellos.

and then I went back 20 years
—I understand that oblivion is a form of seduction
in regards to the other
I allow myself
for the lighthouse to take me
to the assonant sea
and for that sound to help me
invent again the desert of 20 years ago.
It's been five months since anyone remembered summer.
It's been five months since anyone remembered winter.
I want to allow myself one last thing,
that the red and white lighthouse
interrupts my body,
that body of the child I was some 20 years ago,
I wait then for the wind to return my eyes
      or my hair.

Quizá nunca fue el sabor de la pimienta,
 pero me inclino a pensar que el sabor
        de esas pelotitas negras
me recuerdan a las hojas de otoño,
cuando la ansiedad era tan tenue
que creía que el poniente y la cordillera me mareaban
con tan solo pisar esas hojas secas,
aquel abril en el que caminé por cafés solitarios
y rechacé ir a partidos de fútbol.
Entonces volvía a recordar el sabor de la pimienta
y mi mente añoraba el día que fui a ver
        las carreras de caballos
y aposté por uno y otro,
jamás gané,
solo me empantané los pies.
Recuerdo el sabor de la cerveza
        y los cigarrillos en la terraza
donde los pececillos de color naranja
        burbujeaban y bailaban
como las hojas de otoño que golpeaban
        el rostro de los transeúntes
Así pasaron los días,
exiliado—
escuchaba el sonido de las pelotitas de pimienta negra
entraba en un trance.
        La pimienta,
como un concierto sinuoso que hiciera mi hermano
        todas las mañanas,
no importaba si llevaba un litro de alcohol
        en los filones de su cuerpo,

Perhaps it never was the taste of pepper,
but I am inclined to think that the taste
of those little black balls
remind me of autumn leaves,
when anxiety was so dim
I thought the west and the mountains made me dizzy
just by stepping on those dry leaves,
that one April when I walked through lonely cafes
and refused to go to soccer games.
Then I would remember the taste of pepper again
and my mind longed for the day I went to see
the horse races
and I bet on one and the other,
I never won,
I just got my feet dirty with mud.
I remember the taste of beer
and cigarettes on the terrace
where the orange minnows
bubbled and danced
like the autumn leaves that struck
the faces of passersby
That's how the days passed,
exiled—
I listened to the sound of the black pepper balls
I went into a trance.
The pepper,
like a winding concert my brother
played every morning,
it didn't matter if he had a quart of alcohol
in the seams of his body,

sus uñas siempre se defendían por tener
         grietas pimentadas
¿qué significaba eso?
el llanto por mi hermano,
              sí,
                          eso
porque no pudo llegar al mar caspio.
Lloraba porque mi hermano ya no caminaba
en busca de pimienta
caminaba en busca de un arma.
Y cuando a veces me acercaba a sus oídos
le decía con voz templada
hermano, extraño las señales tuyas cerca del mar caspio
no sabía que mi hermano estaba destinado al exilio
un exilio que se siente al caminar,
            al reír,
                        al comer.
Es imaginar a mi padre hundido de viejo
         en la cabecera de su cama.
Es esperar a que mi madre le haga señas con las pelotitas de
                              [pimienta negra.
Mi hermano solo puede respirar dentro de su maleta verde,
respira aire,
respira pavimento,
respira el aliento de los otros
         que lo miran con desdén.
Y las orquídeas en el cementerio solo afloran el recuerdo de
                              [mi hermano.
Y la pimienta negra no sirve para nada,
         solo me tira azares.

his nails always defended themselves by having
    peppery cracks
what did that mean?
the tears for my brother,
      yes,
           that
because he could not reach the Caspian Sea.
I cried because my brother no longer walked
    in search of pepper
he walked in search of a weapon.
And sometimes when I got close to his ears
I said to him in a warm voice
brother, I miss your signs near the Caspian Sea
I didn't know my brother was destined for exile
an exile felt while walking,
    while laughing,
        while eating.
It's imagining my old father sunk
    at the head of his bed.
It's waiting for my mother to signal him with the balls of
        [black pepper.
My brother can only breathe inside his green suitcase,
he breathes air,
he breathes pavement,
he breathes the breath of others
    who look at him with disdain.
And the orchids in the cemetery only bring out the memory of
        [my brother.
And black pepper is useless,
    it just throws random chances at me.

Ayer soñé de nuevo con el eclipse, nadie sabía sobre él, yo me encontraba en una verdulería, podía oler cada una de las verduras desde el pepino hasta las cabezas de acelga que se encontraban apiladas, había un muro que dividía las verduras de las legumbres. Entonces salía apurado y el sol que estaba titilante, hizo que perdiera el control de las cosas. Yo me encogía por toda la calle y no veía nada, ni verduras, ni gente, solo escuchaba voces, murmullos. Y al alzar la vista el sol se iba oscureciendo y podía sentir como mis ojos se derretían, tocaba mis cuencas, y no habían rastro de ellas, luego despertaba en mi cama e iba al espejo, pero mis cuencas seguían vacías. No sé qué significa, pero creo que este último contrato que tengo, hará que me retire por un tiempo de ir al campo, igual que sucedió con el sueño del paracaídas y quedé constipado por casi dos meses.

El noi del sucre

> Para P., del otro y al otro lado
> del mundo, quizá eso y la fugacidad
> de aquellos 9 ojos.

Tengo un idiota dentro de mí,
que llora y que no sabe,
     y mira
sólo la luz,
     la luz que no sabe.
Tengo al niño,
al niño bobo,
     como parado

Yesterday I dreamed of the eclipse again, nobody knew about it, I was at a greengrocer, I could smell each one of the vegetables from the cucumber to the heads of chard that were stacked, there was a wall that divided the vegetables from the legumes. Then I would leave in a hurry and the sun, which was twinkling, made me lose control of things. I would shrink all along the street and see nothing, no vegetables, no people, only heard voices, murmurs. And looking up the sun was darkening and I could feel my eyes melting, I would touch my eye sockets and there was no trace of them, then I woke up in my bed and went to the mirror, but my eye sockets were still empty. I don't know what it means, but I think that this last contract I have will make me retire for a while from going to the country, just like what happened with the dream about the parachute and I ended up constipated for almost two months.

El noi del sucre

> For P., from the other and on the other side
> of the world, perhaps that and the transience
> of those 9 eyes.

I have an idiot inside me,
who cries and does not know,
    and looks
only at the light,
    the light that doesn't know.
I have the kid,
the silly kid,
    like standing

en Dios,
en un dios que no sabe
sino amar y llorar,
llorar por las noches.

Hasta ahora solo tengo la textura de tus labios,
    el pequeño dilatar de tus dedos
        cuando tocan alguna superficie
        como por ejemplo un anillo de plata.
Y me gustó contemplar cómo se encendían tus cabellos
mientras parado,
        mirabas la ventana.
Y lo único que sé es escribir,
    y no encuentro más palabras.
        La risa de ese día no fue por divertimento,
sino más bien porque ya lo intuía,
    tengo eso en mí,
    no puedo explicarlo,
    intuí que algo iba a pasar ese día.
Y te dije que te quedaras
        porque era una metáfora de quiero bailar contigo.
    Y caigo ahora en el esnobismo: tu me plais.
    Y mientras la noche se hacía perpetua bajo la lluvia,
lo único que tenía eran tus largos dedos
aquellos se dilataban en la oscuridad de la habitación.
Y entonces para ti,
que dices ser un simple hombre,
con el alma oscura,
como Johnny Cash cuando se retuerce en el escenario con
aquella guitarra café.

in God,
in a god who doesn't know
but to love and cry,
cry at night.

So far I only have the texture of your lips,
    the little dilation of your fingers
        when they touch some surface
        like for example a silver ring.
And I liked watching your hair lighting up
while standing,
        you looked at the window.
And all I know is how to write,
    and I can't find any more words.
        The laughter that day was not for fun,
but rather because I already sensed it,
    I have that in me,
    I can't explain it,
    I sensed something was going to happen that day.
And I told you to stay
        because it was a metaphor for I want to dance with you.
    And now I fall into snobbery: tu me plais.
    And as the night grew perpetual under the rain,
all I had was your long fingers
they were expanding in the darkness of the room.
And then for you,
who says to be a simple man,
with a dark soul,
like Johnny Cash when he contorts himself on stage with
that brown guitar.

Pienso en aquel hombre misterioso que se esconde,
dime hombrecito,
¿Qué esconden tus pupilas?
Qué significa para ti tomar un autobús
   y llegar a una ciudad cebolla,
      una ciudad que parece una maqueta de niño.
¿Dónde se escondieron tus ojos?
P es una ciudad atiborra de gente,
      sin sentido
toman té y comen frituras en la calle.
Entonces empezaste por lo simple,
   y cruzaste la calle,
     o el puente,
     o el árbol.
Quizá allí está el misterio,
tu siempre vas del otro lado de la calle,
no buscas lo simple,
buscas el otro lado.
¿Dónde están tus ojos,
acaso en el pan y miel derretida por la mañana?
O quizá en las fisuras del sol de aquel sábado
   en una calle cualquiera.
Y recuerdo de nuevo,
tengo al niño parado en mí,
yo soy el niño que se va y se pierde en la luz.

I think of that mysterious man who hides,
tell me little man,
What are your pupils hiding?
What does taking a bus mean to you
    and arriving to an onion city,
        a city that looks like a child's diorama.
    Where did your eyes hide?
P is a city crowded with people,
                nonsensical
they drink tea and eat fried foods in the street.
Then you started out with the simple,
    and you crossed the street,
        or the bridge,
        or the tree.
Maybe the mystery is there,
you always go on the other side of the street,
you don't look for the simple,
you look for the other side.
Where are your eyes,
perhaps in the bread and melted honey in the morning?
Or perhaps in the fissures of that Saturday sun
        on any given street.
And I remember again,
I have the kid standing in me,
I am the kid who leaves and gets lost in the light.

Llevo meses sin poder escribir, ahora pienso en aquel cuarto y la puerta de madera que tenían el andar del primer dueño. Me gustaba desperdigar la ropa sobre los cajones que sostenían el pequeño televisor. Cada recuerdo era escrito sobre la pared, era un mundo abigarrado, nunca cubrí las frases del dueño anterior, alzaba la vista y estaban allí: 28 días y algún verso en un francés mutilado. Por las noches, me gustaba sentir que tiritaba. Ha pasado un tiempo, no tengo con quien hablar, más que con Milton Steiner. Milton sabe de Evelyn, pero le molesta, solo muerde el labio y prende un cigarro. Sé que a Steiner le hastían las historias que tengan que ver con Evelyn. La primera vez que le conté, le dije que ella y yo nos encontrábamos siempre en el andén 56, cada vez que llegaba a la ciudad; y siempre me tenía una historia preparada, con errores de tiempo y espacio, pero no importaba, me gustaba escucharla y verla parpadear. Ella siempre me miraba de reojo. Entonces Steiner jamás dejaba continuar mi historia, solo porfiaba: Evelyn, Evelyn, todo es Evelyn, ¿por qué no hablas de Sony, de Clara? Y era porque no había ni Sony ni Clara. Podía inventarlas, decir por ejemplo que me enamoré de ellas en la playa, o en algún cuarto de puerta chueca. Decir también que ellas siempre estaban tristes, porque no podían comer fideos con salsa todos los días, porque no podían dormir placenteramente, porque no podían llorar frente a mí. Y entonces volvía a Evelyn, al cuarto de la puerta chueca, al abigarrado dolor de las letras negras en la pared. Steiner hacinaba cólera en el rincón del cuarto, lo veía caer dormido bajo su libretita amarilla. Entonces yo me paraba y abría la puerta y le daba golpes para que quedara como el cuarto de puerto chueca, aquel que perteneció al primer dueño.

𝓘 have not been able to write for months, now I think of that room and the wooden door that had the gait of the first owner. I liked to scatter my clothes on the drawers that held the small television. Each memory was written on the wall, it was a motley world, I never covered the sentences of the previous owner, I looked up and there they were: 28 days and some verse in mutilated French. At night, I liked to feel that I was shivering. It's been a while, I have no one to talk to other than Milton Steiner. Milton knows about Evelyn, but it bothers him, he just bites his lip and lights a cigarette. I know Steiner is fed up with stories involving Evelyn. The first time I told him about it, I said that she and I always met on platform 56, every time she came to town; and she always had a story ready for me, with errors of time and space, but it didn't matter, I liked hearing her and seeing her blink. She always looked at me sideways. Then Steiner never let me continue my story, he just insisted: Evelyn, Evelyn, everything is Evelyn, why don't you talk about Sony, about Clara? And it was because there was no Sony or Clara. I could invent them, say for example that I fell in love with them on the beach, or in some room with a crooked door. Also say that they were always sad, because they couldn't eat noodles with sauce every day, because they couldn't sleep pleasantly, because they couldn't cry in front of me. And then I would go back to Evelyn, to the room with the crooked door, to the motley pain of the black letters on the wall. Steiner was cramming his anger into the corner of the room, I watched him fall asleep under his little yellow notebook. Then I would stand and open the door and knock on it to make it look like the room with the crooked door, the one that belonged to the first owner.

Disquisiciones para cortometraje

Dime niña,
tus cabellos se impregnan de avena,
tu cabellera pendenciera
tu cabellera enciende
        el dolor de los túneles
y las luciérnagas se hacen más amarillas cuando
se adelantan al viento del atardecer
cuando los trenes crepitan en los andenes
Dime niña,
¿alguna vez te gustó jugar al póker?
intuyo que cada partida era un as para levantar los muslos
¿alguna vez te gustó medir la distancia en los mapas que eran
regalo para los infantes?
Dime niña,
¿A dónde vas?
tus cabellos se impregnan de avena,
tu cabellera pendenciera
tu cabellera se enciende en la noche cuando dejas Ítaca
        los pasajeros que juegan al póker contigo
jamás entenderán porque necesitan cuatro ases
para llegar a Ítaca
        siempre se vuelve a Ítaca
Dime niña,
aquellos zapatitos negros tuyos
no podrán nunca llegar a la ciudad que anhelaba Kavafis
a menos que muestres tus labios,
aquellos que se torcieron como la trompeta de Chet Baker

Disquisitions for a short film

Tell me girl
your hair is impregnated with oats,
your quarrelsome hair
your hair ignites
          the pain of the tunnels
and the fireflies get more yellow when
they get ahead of the evening wind
when the trains crackle on the platforms
Tell me girl
Did you ever like to play poker?
I sense each game was an ace to raise the thighs
Have you ever liked measuring the distance on maps that were
gifts for children?
Tell me girl,
Where are you going?
your hair is impregnated with oats,
your quarrelsome hair
your hair lights up at night when you leave Ithaca
      the passengers who play poker with you
will never understand why they need four aces
to get to Ithaca
      one always returns to Ithaca
Tell me girl,
those little black shoes of yours
will never be able to reach the city that Kavafis longed for
unless you show your lips,
the ones that twisted like Chet Baker's trumpet

no me sirven tus zapatitos negros
sé que estás de luto
Dime niña,
¿por qué tu cabellera de avena se esconde
      en la noche de los tulipanes?
en las tazas de madera que incineran café y azafrán,
en las enaguas de tus vestidos que no tienen más que
hilos acordonados por las Moiras
Dime niña,
¿por qué no vuelves a Ítaca?

I have no use for your little black shoes
I know you're in mourning
Tell me girl,
why is your oatmeal hair hiding
      in the night of the tulips?
in the wooden cups that incinerate coffee and saffron,
in the petticoats of your dresses that have nothing but
threads woven together by the Moirai
Tell me girl,
why don't you go back to Ithaca?

Santo contra Blue Demon en Atlántida
Santo y Blue Demon contra los monstruos

> Debes luchar contra tu adversario como si fuera tu mejor amigo, recuerda que una técnica bien aplicada es más dolorosa que una acción sanguinaria.
> —DECÁLOGO DEL LUCHADOR

Santo contra Blue Demon en la Atlántida
Santo y Blue Demon contra los monstruos
y así mismo se sentía,
      un monstruo que no peleaba
mientras sudaba,
recordaba que José Guadalupe Cruz le había dicho
          con respecto a su cómic
que cada recuadro
era como un poema,
porque eran simplemente una ilusión de la violencia.
El Santo al principio no entendía nada
          de lo que José Guadalupe Cruz le decía,
pero ahora que llevaba la máscara platinada
y el traje le apestaba a sudor,
repetía en su mente:
Santo contra Blue Demon en la Atlántida
Santo y Blue Demon contra los monstruos
y cada vez que el comentarista

Santo versus Blue Demon in Atlantis
Santo and Blue Demon versus the monsters

> You must fight your adversary as if he were your best friend, remember that a well applied technique is more painful than a bloodthirsty action.
> —DECALOGUE OF THE WRESTLER

Santo versus Blue Demon in Atlantis
Santo and Blue Demon versus the monsters
and so he felt,
      a monster that didn't fight
while sweating,
he remembered that José Guadalupe Cruz had told him
              in regards to his comic
that each box
was like a poem,
because they were simply an illusion of violence.
El Santo at first did not understand anything
              of what José Guadalupe Cruz was saying,
but now that he wore the platinum mask
and the suit stank of sweat,
he repeated in his mind:
Santo versus Blue Demon in Atlantis
Santo and Blue Demon versus the monsters
and every time the commentator

hacía un retroceso histórico sobre la lucha libre en México,
desde 1910, etc, etc, etc...
y la troupe
y los rudos
y los técnicos
y las máscaras
y las cabelleras
y los campeonatos
El Santo sentía que se estaba asfixiando
y le rezaba a su santito El Diablo Velasco
le imploraba que el comentarista se callara
y que los demás luchadores dejaran
de hacer llaves con las palabras
puesto que él ya estaba grogui,
aunque el boxeo no haya sido lo suyo.

Ahora vamos a preguntarle a El Santo, el enmascarado de plata. ¿Qué siente usted después de haber tenido una trayectoria de 40 años en el ring, el cine, el cómic?

Creo que un luchador llega a su catarsis, afirmó seguro, porque leyó esa palabra en el cómic de José Guadalupe Cruz, cuando se está en el ring, esperando el conteo antes de ganar una pelea. En el cine y el cómic es cuando uno, y puede que suene pretensioso, pero cada imagen es como una ilusión de la violencia, pero... nada sería posible sin la gente, el público que siempre será nuestro fiel admirador.

made a historical retrospective on wrestling in Mexico,
                since 1910, etc, etc, etc...
and the troupe
and the heels
and the faces
and the masks
and the hair
and the championships
El Santo felt like he was suffocating
and he prayed to his little saint El Diablo Velasco
he implored the commentator would shut up
and that the other fighters stopped
                making holds with the words
since he was already groggy,
                although boxing was not his thing.

Now we are going to ask El Santo, the man of the silver mask. How do you feel after having had a 40-year career in the ring, in movies, in comics?

I think a wrestler reaches his catharsis, he ascertained, because he had read that word in the comic by José Guadalupe Cruz, when he is in the ring, waiting for the countdown before winning a fight. It is in film and in comics is when one, and it may sound pretentious, but each image is like an illusion of violence, but... nothing would be possible without the people, the public that will always be our faithful admirers.

Ya lo escucharon señoras y señores:

El Santo, el enmascarado de plata, cada luchador es una ilusión de la violencia, ¡qué lindas palabras!

Gracias José Guadalupe, se repetía El Santo. Se sintió feliz, radiante, así que se levantó de la silla, dio una vuelta de 180 grados y la cámara enfocó su rostro. La máscara estaba en su asiento.

> You heard it ladies and gentlemen:
> El Santo, the man of the silver mask, each fighter is an illusion of violence, such beautiful words!

Thank you José Guadalupe, El Santo repeated to himself. He felt happy, radiant, so he got up from his chair, made a 180 degree turn and the camera focused on his face. The mask was on his seat.

> Allá, allá lejos;
> Donde habite el olvido.
> —LUIS CERNUDA

18 de Octubre de 19..

Evelyn:

Pienso en todas aquellas veces que subí las gradas de madera cruda para ver tus pupilas, ese ademán tuyo me quitaba todo el peso de un país que no era mío. Entonces bailaba acorde los puntitos negros de tu vestido y veía tu rostro. No pude evitar sentir melancolía, al saber que yo me iba, al saber, al saber que no podrías perdonar.

Siempre desdeñaste cada uno de mis cabellos, aquellos que integraban una mata de preguntas, vi tu tristeza y esa tristeza se convirtió en la caricia malsana de todas las noches, de todos los hombres antes de ser acribillados. Me querías lejos, porque te dolía perderme, así como un niño se pierde de la mano de sus padres y solo siente vergüenza, pero prefiere demostrar que fue un miedo tenue.

Y sí, chile es solo un país, chile es solo chile. Y dé que sirve la patria, de que sirve el nombre, de que sirve bailar y mirar tus ojos cuando parece que una bauker te está extirpando las pupilas, cuando tu rabia física sobrepasa tu rabia chilena; cuando tu orgullo de niña solo me dejó pesar en la puerta a5 del aeropuerto.

> There, far away;
> Where oblivion dwells.
> —LUIS CERNUDA

October 18th, 19..

Evelyn:

I think of all those times that I climbed the raw wooden steps to see your pupils, that gesture of yours took away all the weight of a country that was not mine. Then I would dance in accordance with the little black dots on your dress and I would see your face. I could not help feeling melancholy, knowing that I was leaving, knowing, knowing that you could not forgive.

You always disdained each one of my hairs, those that formed a shrub of questions, I saw your sadness and that sadness became the unhealthy caress of every night, of every men before being shot. You wanted me far away, because it hurt you to lose me, just as a child loses its parents' hand and only feels ashamed, but prefers to show that it was a mild fear.

And yes, Chile is only a country, Chile is only Chile. And what good is the country, what good is the name, what is the use of dancing and looking at your eyes when it seems that a drill is removing your pupils, when your physical rage surpasses your Chilean rage; when your girl pride only left me regret at gate a5 at the airport.

Cuando dijiste: yo vivo acá, tú solo estás de paso, y jamás te diste cuenta que un país es solo un país y me soltaste la mano y el miedo tuyo fue más fuerte que mi vergüenza.

When you said: I live here, you are just passing through, and you never realized that a country is just a country and you let go of my hand and your fear was stronger than my shame.

INDEX OF POEMS

RECONSTRUCCION DEL PADRE / RECONSTRUCTION OF THE FATHER

(Mi depresión) 28
(My depression) 29

Hojas de contacto 36
Contact sheets 37

Betamax, recuerdo de 1989 40
Betamax, souvenir of 1989 41

(Mis viajes) 44
(My trips) 45

(Cuando niño) 46
(As a child) 47

Javiera ve llover bajo la niebla 52
Javiera sees raining under the mist 53

La destrucción del padre 62
The destruction of the father 63

(Haré un pacto contigo) 66
(I will make a pact with you) 67

(Este es mi último fracaso) 72
(This is my last failure) 73

(No te ofrezco ningún gozo) 78
(I do not offer you any joy) 79

MASACRE EN LA CALLE HARRINGTON / MASSACRE ON HARRINGTON STREET

TELEGRAMA / TELEGRAM 84

Nota del compilador 86
Compiler's note 87

La edad parisina 88
The Parisian age 89

Ce soir, Gerda 94
Ce soir, Gerda 95

(Podemos hacer un monton de cosas, pense) .. 98
(We can do a lot of things, I thought) 99

La guerre 102
La guerre 103

(Que hace un niño inerte sobre una caja) 106
(What does a lifeless child do on a box) 107

I like my body when it is with your body 110
I like my body when it is with your body 111

Eleonora 114
Eleonora 115

(Este es el proyecto de un beso) 118
(This is the project of a kiss) 119

ROBERT CAPA.
Edad aparente 32, estatura 1,62m 122
ROBERT CAPA.
Apparent age 32, height 5'4" 123

TELEGRAMA no enviado /
TELEGRAM not sent 127

MARGENES INFRARROJOS / INFRARED MARGINS

Nota del compilador 130
Compiler's note 131

(Somos dos reflejos) 134
(We are two reflections) 135

(Añoro las encias de mi hermano) 136
(I miss my brother's gums) 137

(Ya lo dijo mi padre) 138
(My father already said it) 139

(La niebla es un casquete que cubre el rostro
de los campos en invierno) 142
(The fog is a cap that covers the face of
the fields in the winter) 143

(Quiza nunca fue el sabor de la pimienta) 146
(Perhaps it never was the taste of pepper) 147

El noi del sucre 150
El noi del sucre 151

(Llevo meses sin poder escribir) 156
(I have not been able to write for months) 157

Disquisiciones para cortometraje 158
Disquisitions for a short film 159

Santo contra Blue Demon en Atlantida
Santo y Blue Demon contra los monstruos 162
Santo versus Blue Demon in Atlantis
Santo and Blue Demon versus the monsters .. 163

(18 de Octubre de 19..) 168
(October 18th, 19..) 169

ABOUT THE AUTHOR

Iris Kiya (La Paz, 1990) is one of the most prolific Bolivian poets of her generation. She studied literature at the Higher University of San Andrés (UMSA) and has participated in poetry festivals in Peru, Chile, Mexico, Ecuador and Bolivia. She is an editor, teaches workshops on literary creation and has organized readings and independent book fairs in schools, universities and psychiatric hospitals. Her work has been published in Bolivia and Chile. Her first poetry book was awarded the young poets prize sponsored by the Bolivian Book Committee and the Pablo Neruda Foundation of Chile. She is the author of the poetry collections: *Manicom(n)io fra(g)tal, colección postmortem* (2010); *24 cortos y un prólogo en braille para Gelinau Laibach* (2013), *Masacre en la calle Harrington* (2017), *Márgenes Infrarrojos. L'image, une forme de violence* (2019) and the chapbook *En la trinchera* (2016). Her latest work, *Reconstrucción del Padre* (2020), has been awarded the national prize from the Bolivian Central Bank.

ABOUT THE TRANSLATOR

Reina Jara Barrientos (Lima, 1985), is an Audiovisual Communicator and Translator graduated from the National University of San Marcos (UNMSM). She is dedicated to cultural management with special emphasis on the intersections between art, science and technology; and has worked in the cultural area of the National Library of Peru and as a manager in Alta Tecnologia Andina (ATA). She has participated in the projects: *"El mañana fue hoy. 21 años de videocreación y arte electrónico en el Perú"* and *"Del Cero al Infinito: escritos de arte y lucha"*, as a coordinator and translator respectively. She is currently a manager of cultural projects at the Espacio Fundación Telefónica Lima.

ABOUT THE CONTRIBUTORS

Cayo Cæctus (Santiago de Chile, 1984). Processor / text / image. Iuspoeta. His work is crossed by the idea of pastiche. He has written a constitution, comics, poetry, essays, and translated without permission from the copyright holder. His latest publication is called *El cuerpo es Devil* (2019), poetry & reggaeton. His latest collaborative work is called *ASCOS* (2019), an analog and digital collage book-object. His next comic book publishing project is called Pandemic. He once saw a Hokusai original and is now studying invention patents in CIP A63H 33/38.

Michael Ebmeyer (Bonn, 1973) is a German writer, journalist and translator. He grew up in Bielefeld, studied in Tübingen and Barcelona and currently lives in Berlin. After completing his studies, he first worked as a research assistant at the University of Tübingen before he went freelance as a writer. In 2001 he made his debut with the short story book *Henry Silber geht zu Ende*. Since then he has written the novels *Plüsch*, *Achter Achter*, *Der Neuling und Landungen*, but also non-fiction books such as *Gebrauchsanweisung für Katalonien* (Instructions for Use of Catalonia, 2007). Since 2015 Michael Ebmeyer has published shorter essays at "Freitext" on ZEIT Online at irregular intervals. His main topics are laughter, the propaganda strategies of the so-called "new right", the state of the German left, the Catalan independence movement and current political developments in Latin America, especially in Bolivia.

Natalie Aramundiz (San Fernando, Chile. 1988) is a Chilean painter and heritage conservationist. She holds a BA from the School of Fine Arts of Valparaíso (EBAV) and is a Conservation and Restoration Technician from the National School of Applied Arts (ENAA). For a decade she has been dedicated to the visual arts in mixed media paintings and experimentation with materials. She has participated in group exhibitions such as the Festival of Erotic Art with the series "*Daily Explorations*" (2016), and in the collective female exhibition "*In the Name of the Father*" at the Gabriela Mistral Cultural Center in Villa Alemana (2018). She has been featured in various exhibitions with the students of the School of Fine Arts of Valparaíso, and in 2019 she was selected in the First Biennial of Contemporary Art, "*Nunca Fuimos Nada*", at Los 14 gallery in Mexico City.